SOLEIL 001

戎光祥選書ソレイユ001

足利将軍と室町幕府

時代が求めたリーダー像

石原比伊呂
ishihara hiiro

戎光祥出版

はしがき

この「はしがき」を書いている二〇一七年秋現在、室町時代に関する一般向けの書籍が売れているらしい。呉座勇一氏による『応仁の乱』（中公新書、二〇一六年）が歴史系の新書としては異例の三〇万部のベストセラーとなり、亀田俊和氏による『観応の擾乱』（中公新書、二〇一七年）や峰岸純夫氏による『享徳の乱』（講談社、二〇一七年）も重版だという。

これまで室町幕府将軍についてささやかな検討を積み重ねてきた筆者にとっては、まったく何が何やら、狐につままれたような気分である。たしかに右に挙げた著者たちは、大ベテランである峰岸純夫氏をはじめとして、研究者の世界において素晴らしい名声を得てきた方々であるのだが、その一方で、そもそも中世史研究者が書いた書籍、しかも室町時代をテーマとする書籍が、一般読者層のハートを鷲づかみにするという現象そのものに、キョトンとするのである。

先日、『室町幕府将軍列伝』（戎光祥出版、二〇一七年）という書籍が出版され、そのなかの一章分を分担執筆させていただいた。その出版を祝して、執筆分担者が集まって、ささやかなながらも愉快な宴席が催されたのだが、その際、当該書籍の出版記念トークショーを担っていただいた編者の方が「室町幕府の将軍は、だれも幸せになっていないし、現代を生きるハウツー本として重宝されるような立派な生き方をした将軍も皆無」という旨の説明をしたところ、駆けつけた読者から大きな反応を得たという。筆者の感想としては、「まさに言い得て妙」。大げさに言えば、現代社会というのは、「だれも幸せになっていないし、立派な生き方もしていない」主役（らしき存在）を中心に繰り広げられる〝出来損ないのドラマ〟に人々が共感する時代、ということなのかもしれない。

角度を変えよう。室町幕府とは鎌倉幕府や江戸幕府に比べて、ややもすればマイナーな存在である。足利尊氏は源頼朝や徳川家康に比べて地味に映るであろうし、足利義昭（室町幕府最後の将軍）は、織田信長に比べて、間違いなく〝しょっぱい〟印象があろう。そのような存在に共感する人々が多少なりとも増えているのかもしれない。ということは、「社会におけるマイナー属性にある」との自己認識を持つ人々が増えている、あるいは、数そのものは昔から変わらないが、そのような自己認識の人々が存在感を示す時代になったということだろうか。

思えば、ここ二〇年ほどの社会における最大の変化はインターネットの普及であろうが、インターネットの普及がもたらしたのは、「だれでも自己表現できる」という社会状況であろう。それまでは〝（自称）イケてる〟人々が大手を振って歩いていた社会に〝（自称）イケてる、ではない〟人々が居場所を確保するようになったのかもしれない。

筆者の、その道のプロから見ればおおよそ一笑に付されるであろう現代社会認識はさておき、ともあれ、やはり、室町幕府はマイナーな存在である。少なくとも二〇数年前までは、中世史研究の世界においては、まるっきしマイナーな研究素材であった。

しかし、そんな室町幕府であっても単純計算で二四〇年くらい存続したし、将軍の代数は徳川家と同じ十五。しかも、「だれも幸せになっていない」なか、最後の将軍足利義昭は、いろいろ挫折を繰り返しながらも最終的に、秀吉の庇護のもと、のうのうと畳の上で死ねている。歴代室町将軍たちは、冴えない連中ばかりであるにもかかわらず、ずっと偉いさんであり続けた。たぶん、それなりに偉いさんであることを満喫してもいたのだろう。

本書は、筆者がこれまで積み重ねてきた研究を一書にまとめた専門書（論文集）を、一般向けにリライトしたものであるが、結果的に、冴えないはずの連中がずっと偉いさんであり続けた理由、についての考察になっているようにも思う。足利将軍家という不思議な権力者の実態を紐解いていこう。

二〇一七年十月

石原比伊呂

目次

はしがき
序章　日本史上最高の権力者と出来損ないの将軍……7
第一部　南北朝期の足利将軍家と北朝天皇家
第一章　足利尊氏・直義と北朝天皇家……14
尊氏・直義兄弟の政務分担／『太平記』にみる足利家と北朝天皇家／直義と光厳院の蜜月関係／天龍寺行幸にみる尊氏と直義の違い／公家社会に順応していく直義／洞院公賢を頼りにする尊氏と直義／なぜ直義は参内・院参をくりかえしたのか
第二章　足利義満と北朝天皇家……35
「王権簒奪計画説」の衝撃／進められた王権簒奪計画説の見直し／朝廷政治の再建に努めた二条良基／義満を公家社会に招き入れる／義満が公家化した意味／後光厳流を保護した義満／北朝を襲う後南朝勢力の脅威／後光厳流と崇光流の一体化／皇統の分裂と「王家」
第二部　足利義持と北朝天皇家

第一章　後円融天皇を無力化した義満……58
後円融と義満の関係／義満権力の最終形態／後小松の父親の役割を担った義満

第二章　義持と「准摂関家」……65
見直しが進む義持の人物像／義満・義持の大嘗会への関わり方／所役をつとめる義満、つとめない義持／「准摂関家」の家格を選択する／義持は五摂家の立場を脅かしたのか／現任摂関との並立を目指す／義満の先例には頓着せず／諸事にわたり後小松を補弼する義持／称光天皇と義持の関係

第三章　北朝天皇家と「王家」の執事……93
義持はなぜ後小松・称光を補弼したのか／天皇家の権威向上に心を砕く／「王家」の執事をつとめる意味／受け継がれてきた政策基調

第三部　足利義教と北朝天皇家

第一章　義教と後小松上皇……108
義教の行動規範は義満か？義持か？／大嘗会にみる義教の振る舞い／義満の先例重視の方針と限界／義持の行動様式を継承／後小松「王家」の執事をつとめる／後小松の出家をめぐるかけひき／後小松に対する義教の鬱憤

第二章　義教と伏見宮家……129
伏見宮貞成親王との関係／貞成を贔屓する義教／後小松院の諒闇問題／後小松「王家」か伏見宮「王家」か

第四部　室町期公武関係の成立要因

第一章　南北朝内乱と足利将軍家……144
鎌倉幕府体制下の足利家／鎌倉幕府倒幕と旋回する運命／光厳院宣の獲得と南朝との戦い／将軍権力の確立に必要な装置／源氏の先例を意識／源氏将軍家と北条得宗家の後継者的存在／「東国政権の長の後継者」という性格を破棄

第二章　義詮が築いた公武関係の基調……166
公家化する義詮／減少する守護層の参内／守護と天皇の切り離し／足利将軍家による天皇家独占／将軍権威と北朝天皇家の相関関係／北朝天皇家の保護者であり続ける宿命／「成熟した儀礼社会」における「儀礼的昵懇関係」／礼の時代の秩序／有力守護が将軍を推戴する構図の瓦解／足利将軍家のゆくえ

終章　足利将軍家とは何だったのか……195
「武士道」的武士像からの逸脱／バランス装置としての機能／非実力主義型リーダー像

あとがき　203／参考文献一覧　206

序章　日本史上最高の権力者と出来損ないの将軍

近代歴史学において、本書が素材とする室町時代、あるいは足利将軍家への評価は、すこぶる否定的である。例えば、戦前～戦中期の日本中世史学を良くも悪くも象徴する日本史家の平泉澄氏（一八九五～一九八四）は、「天正元年義昭追われて幕府が亡びますまで、百八十二年の間を、室町時代」とした上で、この時代について次のような言葉を並べたてた（『物語日本史（中）』）。

・「その長い時間は、実に空費せられ、浪費せられたに過ぎなかった」
・「彼ら（尊氏など―筆者註、以下同じ）には道徳がなく、真義がなく、義烈がなく、情愛がない」
・「歴史においてただ破壊的作用をするだけ」
・「継承及び発展には、微塵も貢献をすることはできない」
・「義政の一生は、ただ遊楽のために費やされていました」

ほとんど罵詈《ばり》雑言《ぞうごん》ともいえる、感情的な表現が連続しているが、それは昭和初期の軍国主義的な価値観が影響している。「国粋主義的な立場に傾き、いわゆる皇国史観の指導者となり、日本精神を鼓吹して大きな影響力を持った」（『国史大辞典』）とされる平泉氏の立場からすれば、足利将軍家とは在位している天皇（後醍醐《ごだいご》天皇）に楯突いた逆臣であり、室町時代とは、そのような逆臣が幅を利かせた時代、あってはならない時代だったのである。

平泉氏を代表的指導者とする皇国史観は、敗戦を境にほぼ全否定された。室町時代や足利将軍家についても、その評価に相応の修正が加えられた。しかしそれでもなお、現在に至るまで室町幕府や足利将軍家は、ややもすれば否定的なイメージを抱かれがちである。

戦後、日本の文化や歴史を海外に発信し続けたドナルド・キーン氏（一九二二〜）は、次のような趣旨の発言をしている（『足利義政と銀閣寺』）。

・私は尊氏が嫌いである。なぜなら尊氏が後醍醐天皇の大義に不忠にも裏切ったと解釈されるから。

・義満については、私個人としては好感を持っているものの、世間的には憎悪の対象とされてきている。義満の対する憎悪は、明治維新直前の数年間に特に強まった。それは義満が自ら進んで「日本国王」の肩書を受け入れたことが、最悪の罪とみなされてきたのだろう。

・義政は、かつて日本を統治した将軍の中で最悪の将軍だと思う。武人としては完全な失敗者であり、義政が将軍だった治世に、幕府は徐々に弱体化したのである。

歴代室町幕府将軍は、非勤王的で怠惰な存在として捉えられている。戦後になっても、戦前以来の否定的な評価は、さほど覆っていない。

ただ、なかんずく足利将軍家に対する、皇国史観におけるイメージと戦後のイメージとでは、多少の相違もある。皇国史観においては、後醍醐に叛いたというただ一点において、その存在が全否定されているのに対し、戦後においては、戦国期の群雄割拠の引き立て役として、「脆弱（なのに偉そう）な旧権力」という役回りを押しつけられており、そこからの逆算としての低評価が、特に一般の歴史ファンの間で定着しているように思われる。

そのような戦国期の足利将軍像については、近年の中世史学界において急速に見直しが進んでいる。例えば、その旗手である山田康弘氏は、「将軍は、戦国時代にいたっても幅広い大名たちとなお交流を保ち」「利用されて」おり、「それゆえ大名たちは」「その行動にあたっては死活的利益に反しない範囲内で上意をそれなりに考慮に入れざるをえなかった」（『戦国時代の足利将軍』）と述べ、戦国期の足利将軍を過小評価する風潮に警鐘を鳴らしている。

とはいえ、研究者として忸怩たる思いがなくもないが、どうしても巷間の歴史像は、研究者による最新の成果ではなく、小説家や作家などによる商業作品のイメージによって形成されていく。そして、現在においてもっとも大きな世間的影響力を持っている商業作品の一つとして、井沢元彦氏による一連の著作が挙げられる。井沢氏の著作を読めば、巷間の歴史像がいかなるものであるかが、朧気ながらも掴めてくると想定されるが、氏の足利家認識を読み解いてみると、各箇所ごとの内容を全体化したとき、どうにもつじつまが合わないように感じることが少なくない。そのような矛盾も飲み込んでエンターテインメントを追求するのが商業作品だといわれれば、その通りなのかもしれないが、ついつい研究者としては気になってしまう。

具体的に論じよう。井沢氏は『逆説の日本史7　中世王権編』（小学館、二〇〇一年。初出は一九九八年）において、次のような趣旨の発言をしている。

すなわち、建武政権《けんむせいけん》の崩壊を受けて後醍醐天皇が吉野に入り、中央政治に対する直接的な影響力を喪失したにもかかわらず、南北朝内乱が泥沼化し解決しなかったのは、すべて足利尊氏なる特定個人の政治能力の不足に起因する、と難じる。そして、創業者の個人能力が不足していたことの結果として、室町幕府は日本史上においても極めて統制力が弱い政治権力となってしまい、その脆弱さが戦国の混乱をもたらしたとするのである。

一言でいえば、室町幕府という政権は、「三代幕府」において最弱な権力体であり、その責任はすべて創業者たる尊氏個人に帰するという意見といえよう。政権や権力機構のあり方（あるいは安定性）の要因といった社会的諸要素を、特定個人の資質に求めるというのは、歴史の楽しみ方の一つであろうから、その部分についてはさておく。

ここで問題視したいのは、井沢氏が明確に室町幕府のことを「三代幕府」で最弱であると断言している点である。というのも井沢氏は、同書の別の箇所で、室町幕府三代将軍の義満について、「日本史上最大の「怪物」政治家」と評価しているのである。足利義満については後述するように、一九九〇年代に、「足利義満は天皇家に取って代わって、皇位を簒奪しようとしたのではないか」という「王権簒奪計画説」が一世を風靡した。出版の順番でいくと、その端緒は、実は作家である井沢氏なのであり、氏は、足利義満のことを、日本史上天皇になろうとした唯一の将軍だとし、義満ほどの権力者でさえ天皇になれなかったのはなぜか、という疑問を提示している。井沢氏は作家という立場から、義満のことを日本史上、唯一天皇の座に迫った怪物として描写しているわけだが、そのような評価は、学問としての戦後日本中世史学においても通底している。

例えば、伊藤喜良氏は、公武を超越し、天皇家まで凌駕する立場を築き上げた義満を描写することの困難さに触れた上で、義満に対して平清盛《きよもり》さえ圧倒するほどの日本史上、屈指の権力者という評価を与えている。

義満権力の強大さを語るとき、しばしば取り上げられるのが、彼の官位である。周知の通り義満は、征夷大将軍《せいいたいしょうぐん》でありながら、一方では太政大臣《だじょうだいじん》にまで昇り詰めている。よく言われるように、源頼朝《よりとも》は征夷大将軍になったが、太政大臣にはなっていない。逆に、平清盛は太政大臣であったが、征夷大将軍には就いていない。ゆえに義満の地位は、源頼朝と平清盛の地位をあわせて備えているようなものだったというのである。作家である井沢元彦氏にせよ、日本中世史研究の専門家である伊藤喜良氏にせよ、室町幕府の三代将軍義満個人に限れば、「日本史上最大の怪物」という評価を下していることがわかるだろう。

以上のような評価を踏まえたとき、一つの大きな矛盾を感じないだろうか。すなわち、初代将軍足利尊氏が作り上げた室町幕府という権力体に対しては、戦前以来、一貫して「脆弱な政権」という評価が下されてきた。そして、その評価から派生するかたちで、室町将軍に対しても「出来損ないの棟梁」というイメージがこびりついている。しかし、にもかかわらず、義満については「日本史上最大の怪物」と評されているのである。これは矛盾ではないだろうか。室町幕府が三代幕府の中で最も脆弱な政権であり、足利将軍も出来損ないの棟梁であるにもかかわらず、なぜ室町幕府三代将軍の足利義満だけは、「日本史上最大の怪物」ということになるのであろうか。

結論を先に述べれば、室町幕府という権力体の政権としてのあり方、あるいは足利将軍家の武家の棟梁としての存在形態に、そのような矛盾した評価を受ける要因の一端があることは確実である。そして、このような矛盾した評価がまかり通ってきたことの背景には、突きつめて言えば、室町時代という時代に対する相対的無関心があるのだろう。

本書では、以上のような研究状況、あるいは世間的イメージにある室町幕府や足利将軍家に対する理解が少しでも深まるよう、その具体的な存在形態、政権や権力としての特性を明らかにしていきたいと思う。

第一部　南北朝期の足利将軍家と北朝天皇家

第一章　足利尊氏・直義と北朝天皇家

尊氏・直義兄弟の政務分担

室町幕府の初代将軍は、改めて確認するまでもなく足利尊氏《たかうじ》である。尊氏には、頭脳明晰な弟がいた。弟の名前を直義《ただよし》というが、直義の人生は兄に翻弄され続けた人生であったといえる。

足利尊氏という人物には、少し気ままなところがあった。戦場においては抜群の成果を収める反面、合戦が一段落つくと、その反動によるのだろうか、しばしば引退志向を口にして、周囲を戸惑わせた。尊氏が最初に引退の意志を表明したのは、やがて後醍醐天皇の建武政権と決別する契機となった、中先代《なかせんだい》の乱（建武二年、一三三五）においてである。北条時行《ときゆき》を旗頭とする北条氏残党を殲滅すべく、鎌倉に下った尊氏は、反乱を鎮圧すると、緊張の糸が切れたのか、「直義に政務を譲って引退したい」との心境に至ったらしい。

尊氏の決心は、なかなか固かった。すぐに出家するということにはならなかったものの、やがて、後醍醐勢力との全面対決の末に、湊川《みなとがわ》合戦などで楠木正成《まさしげ》をはじめとする南朝諸将を討伐し、北朝の光明《こうみょう》天皇の即位を実現させることに成功して状況が一段落すると、尊氏は清水寺《きよみずでら》に引退実現を祈る願文《がんもん》を納めている。現実として、周囲の状況は尊氏の引退を許さなかったが、いずれにせよ、この頃から、本来ならば尊氏が担うはずだった多くの業務を直義が差配するようになっていく。

ここに、尊氏と直義の二頭政治が現出するが、本書では、公武関係という観点から、両者のキャラクターの相違を考えてみたい。なぜ公武関係に注目するかの理由については、おいおい明らかになっていくだろう。

『太平記』にみる足利家と北朝天皇家

室町幕府成立期の諸相を調べようと思ったとき、まず手に取るのが『太平記《たいへいき》』である。『太平記』は文学作品であり、そこに描かれた内容のすべてが歴史的事実に正確であるかといえば、いささか怪しい部分もある。

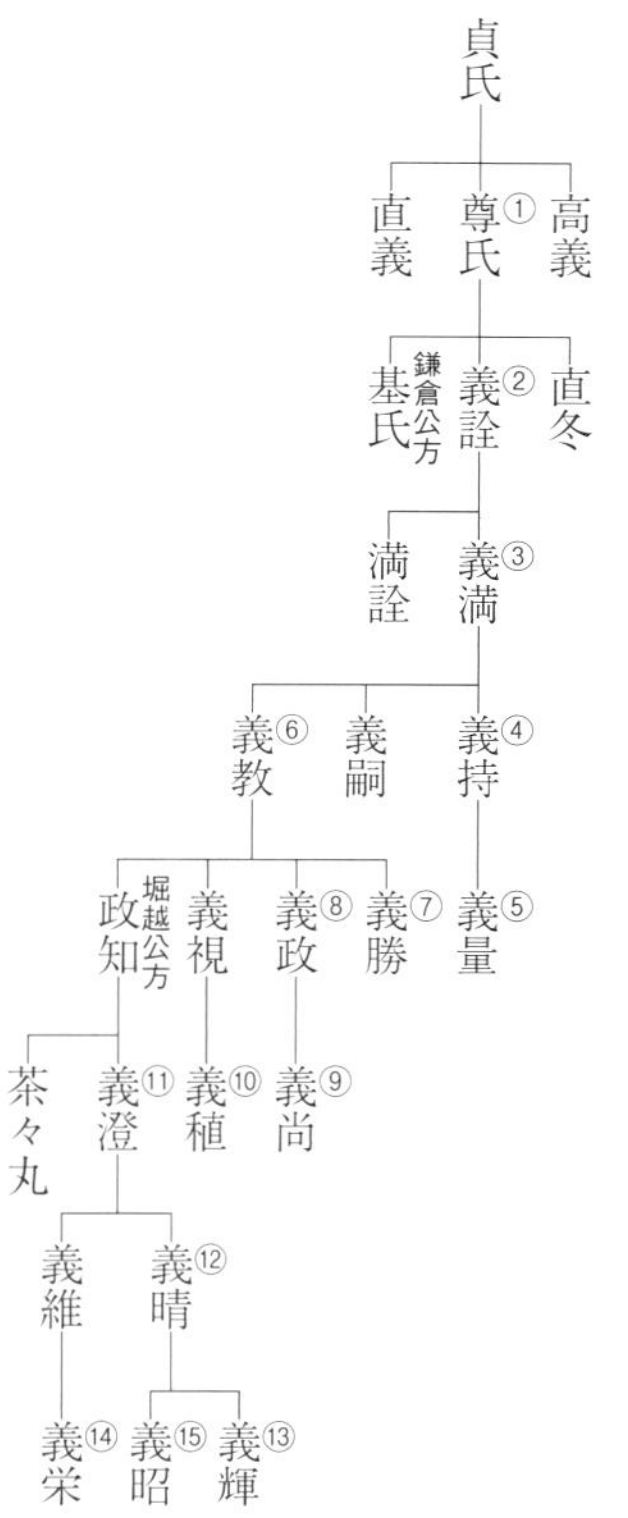

系図1　足利氏略系図（1）　※囲み数字は室町幕府将軍歴代数を示す

しかし、同時代人に受け入れられ、広く愛読された（厳密には太平記読みという芸能者が、読み聞かせて廻った）のは、同時代人にとっても、そ

足利尊氏木像　大分県国東市・安国寺蔵

れなりにリアリティが感じられたからである。ゆえに、『太平記』に描かれた内容それ自体は、歴史的事実をそのまま伝えるものではなかったにしても、その背景にあるイメージは、一定の歴史的事実を反映しているものと思われる。そこで、まずは大雑把な雰囲気を掴むため、『太平記』を題材に、足利将軍家と北朝天皇家の関係を見てみよう。

『太平記』巻第十六の「将軍自筑紫御上洛付瑞夢事」の章には、足利家が一時的に後醍醐勢力に敗れ、九州に西走する際、天皇に背いた謀反人というレッテルを剥がし、後醍醐の天皇権威に対抗すべく、光厳《こうごん》上皇の院宣を獲得し、北朝を擁立する場面が描かれている。足利家と北朝の関係の端緒は、ここにある。ちなみに、足利軍から光厳院のもとに派遣された使者は薬師丸《やくしまる》という稚児僧《ちごそう》であり、薬師丸を介しての要請を受理し、尊氏の元に光厳院宣を届けたのは、醍醐寺《だいごじ》僧の三宝院賢俊《さんぼういんけんしゅん》であった。戦場での緊急措置であり、光厳上皇など北朝天皇家の主要人物に尊氏が対面したということはない。

これをきっかけに始まった足利将軍家と北朝天皇家の交流は、基本的に睦まじいものであった。例えば、『太平記』には、建武三年（一三三六）に光厳上皇が重祚《ちょうそ》（退位した天皇が再び即位すること）し、その重祚には光厳院宣のおかげで湊川合戦などに勝利できたことのお礼として、尊氏が全面的に協力したという内容が記されている。もちろん、光厳の重祚というのは明確に歴史的事実に反しており、『太平記』の創作であるが、そのような創作は、足利将軍家と光厳院（北朝天皇家＝持明院統《じみょういんとう》）とが、実際に蜜月関係にあったからこそ受け入れられたのであろう。

ところが、「足利家と北朝天皇家」ではなく、「尊氏と北朝天皇家」という視点で考えたとき、尊氏が北朝天皇家の人物と顔をあわせているシーンを『太平記』から探し出すのは、なかなか難しい。『太平記』巻第十六「持明院本院潜幸東寺事」には、尊氏の東上により後醍醐軍が東坂本に逃れ、持明院統の皇族も連行されそうになるなか、どうにか逃れることに成功した光厳院が、東寺《とうじ》で尊氏・直義兄弟と面会している様子が描かれている。これが実は、『太平記』で尊氏と光厳院が同じ空間で顔を合わせていた可能性を含む唯一の事例である。

足利将軍家と北朝天皇家との関係は、尊氏が建武政権から離脱し、光厳院宣を獲得したことから始まった。しかし、『太平記』には、尊氏と光厳院など、北朝天皇家主要メンバーが実際に顔を突き合わせたことを示す場面は一箇所しかないのである。

直義と光厳院の蜜月関係

一方で注目されるのは、尊氏の同母弟・直義である。先に触れたように、最初期の室町幕府は尊氏と直義の二頭政治であった。直義は、『太平記』のなかでも特に著名なエピソードに登場する。それは、「土岐頼遠参合御幸致狼藉事付雲客下車事」（巻第二十三）に記された、土岐頼遠《ときよりとお》が光厳上皇の御車に矢を射かけるという事件である。バサラ大名としても知られる美濃守護の土岐頼遠は、「院」を発音の似ている「犬」にもじり、「犬追物《いぬおうもの》」と称して、光厳院に矢を射かけたのであった。処罰を危惧した頼遠は、直義が帰依《きえ》していた夢窓疎石《むそうそせき》を頼り赦免を願い出たが、直義は断固とした態度で頼遠の斬首を決定した。

当時流行したバサラの風を批判的に伝えるものとして著名なエピソードであるが、実は、この挿話に『太平記』の作者がこめた意図は、バサラ批判にとどまらない。この直前に配された記事とペアで考えると、また別の意図が透けて見えてくる。

土岐頼遠の挿話の直前には、重病に陥った直義の平癒のために、光厳院が勅使《ちょくし》を石清水八幡宮《いわしみずはちまんぐう》に派遣したという記事が配されている（「就直義病脳上皇御願書事」）。これを直後の土岐頼遠の挿話とあわせて考えたとき、「神威《しんい》により直義を守る光厳院、現実の政治力で光厳院を守る直義」という構図が浮かび上がってくるだろう。ここで『太平記』の作者は、直義と光厳院の関係を「君臣合体《くんしんがったい》」と表現している。この時期の将軍家と北朝天皇家を考えるにあたっては、尊氏ではなく直義と光厳院の関係に注目する必要がある。

『太平記』に、直義と光厳院の蜜月《みつげつ》関係を示す内容はほかにもある。「自伊勢進宝剣事付黄粱夢事」

と題された記事を紹介しよう。話は、伊勢より三種の神器の一つであるはずの宝剣が進上されたことにはじまる。その宝剣の真偽を見極めるべく、吉田兼員《よしだかねかず》が「本物ならば、花園《はなぞの》・光厳両上皇、関白殿下《かんぱくでんか》（二条良基《にじょうよしもと》）、院司公卿《いんじくぎょう》、尊氏、直義の誰かが瑞夢《ずいむ》を見るはず」と発言した。そして、実際に瑞夢を見るという役割を与えられたのが直義なのである。三種の神器という皇統の正統性に関わるレガリアが、直義と密接な関係にあるものとして印象付けられる仕組みになっていることがわかるだろう。『太平記』では、互いを支え合う関係として、直義と光厳院との間柄が描かれているのである。

このような直義と光厳院は、『太平記』による文学的創作とは思われない。実際に、直義と光厳院は懇意の仲にあったようだ。それが最も明瞭にあらわれるのが、観応《かんのう》の擾乱《じょうらん》に際しての光厳院の態度である。尊氏と直義という兄弟は、生来とても仲が良かったらしい。しかし、互いが一定の権力を帯びるようになると、どうしても個人としての関係性に加えて、政治的な部分での相性という要素が二人の関係を規定するようになる。尊氏の支持勢力と直義の支持勢力が対抗関係に陥れば、仲の良い兄弟のままではいられなくなる。やがて、尊氏の懐刀《ふところがたな》であった高師直《こうのもろなお》と直義が激しく対立するようになると、尊氏も師直の意を汲み、直義と陣営を分かつこととなった（観応の擾乱）。

光厳法皇画像　京都市・常照皇寺蔵

尊氏派と直義派の対立は軍事衝突に至り、状況は師直を筆頭とする尊氏派が相対的に優位のまま推移した。事実上、尊氏派の軍門に降ることとなった直義は、逼塞を余儀なくされる。観応の擾乱が本格化する直前の貞和五年（一三四九）六月三十日、直義は光厳院のもとを訪れ、「師直と須賀清秀《すがきよひで》（尊氏側近）を退治する」と宣言した。そして、これ以降、緒戦で劣勢に立った直義は京都を離れ、しばしの期間、政務の表舞台から姿を消すこととなり、光厳院との交友も確認できなくなる。

直義は、観応二年（一三五一）の二月になって、勢力を回復し、京都で統治者の座に返り咲く。直義の復権は、前年末あたりから着々と布石が打たれていた。『園太暦《えんたいりゃく》』という日記の観応元年十二月二十六日条には、記主《きしゅ》である洞院公賢《とういんきんかた》が房仙《ぼうせん》なる僧侶と雑談した内容が記されている。それによると、実相院《じっそういん》新僧正静深《せいしん》が直義を来訪したという。静深は前関白近衛基嗣《このえもとつぐ》の弟で、南朝に与していた。このときの静深の目的は、南朝と直義派の合体にあった。そして、その行動には六条輔氏《ろくじょうすけうじ》や吉田守房《もりふさ》といった貴族たちも同調していた。南朝と直義派の合体は、南北朝期に多くみられた「敵の敵は味方」という論理によるものであった。

南朝勢力との同盟によって勢力を盛り返した直義の帰還に対して、都の貴族のなかには、その対応に戸惑いを隠せない者もいた。その一人が、『園太暦』の記主である洞院公賢である。まだまだ趨勢がはっきりせず、直義の復帰も「三日天下」になるかもわからないような状況、しかも直義の背景には南朝が見え隠れするという錯綜した情勢下において、迂闊に親直義派であることを表明することに対し、老練な政治家であった公賢は躊躇を覚えた（公賢にはさまざまな政治的なしがらみもあったとされる）。

公家諸家が直義に対し政界復帰の賀使を遣わすなか、公賢に限っては慎重に派遣のタイミングを見極めようとしていたらしい。しかし、そんな公賢も、慌てて賀使を派遣せざるをえなくなる。なぜか。それは、ほかならぬ光厳上皇が直義に勅使を遣わし、祝意を伝えたからである。上皇が勅使を遣わせているのに、自分だけ賀使を送らないわけにはいかない。かくして観応二年の正月二十日、公賢も直義のもとに使者を遣わした。

ここのやりとりで注目したいのは、慎重な態度を崩さない公賢を傍目《はため》に、光厳上皇が軽々しいともいえるタイミングで直義のもとへ勅使を派遣したという事実である。一刻も早く直義とコミニュケーションをとりたいという光厳上皇の思いが伝わってこないだろうか。光厳上皇を長とする北朝天皇家は、政権離脱後の直義に対しても好意的な姿勢を崩さなかったのである。

以上見てきたように、初代将軍足利尊氏の弟で、一時期幕府政治の責任者にもなっていた足利直義は、公家社会や北朝天皇家と良好な関係にあったといえるだろう。

逆に、『太平記』で、北朝天皇家の人物が直接対面していると思われる場面は一箇所しか認められないことから、兄で将軍の尊氏は、北朝天皇家と密に交流するような間柄を形成しなかったものと思われる。ゆえに、尊氏期の足利将軍家と北朝天皇家の関係を考えるためには、直義を中心に据えて、その公家社会における行動を考えてみる必要がある。次に、天龍寺行幸《てんりゅうじぎょうこう》（御幸《ごこう》）を素材に分析を進めよう。

天龍寺行幸にみる尊氏と直義の違い

尊氏の宿敵・後醍醐天皇は、暦応二年（一三三九年、南朝年号では延元四年）に薨去《こうきょ》する。宿敵ではあったが、どこかに盟友のような感情を抱いていたのであろうか、報を受けた尊氏は、菩提を弔うため寺院の建立を決意する。それが天龍寺である。いわば尊氏の〝肝いり〟で進められた事業は、貞和元年（一三四五）八月末に落成供養を迎える。

この供養には当初、北朝天皇家の歴々が臨席することとなっていた。しかし、禅宗は京都仏教界において新参者であり、そのような天龍寺の落成供養が天皇家の臨席という盛儀で挙行されることには、延暦寺《えんりゃくじ》や興福寺《こうふくじ》といった伝統的宗教勢力が拒否反応を示した。そこで、「光厳上皇の臨席目的は、落成供養とは別の仏事のためである」という体裁がとられることにより、妥協が図られた。

いかにも日本社会的な解決方法であるが、ともあれ、この結果として尊氏と直義は八月二十九日の落成供養当日の諸仏事に臨席し、さらに翌日の光厳上皇臨幸にも備えることとなった。この頃の尊氏と直義は、まだ仲の良い兄弟であった。直義は、天龍寺に渡る前日のうちに尊氏の邸宅に前泊し、日が明けると二人は連れだって嵯峨の地へと移動した。当然、その翌日には二人が顔を揃えて光厳上皇を出迎えた。

そのときの様子を伝えてくれるのが、『園太暦』に所収された「師卿記《そちきょうき》」の貞和元年八月三十日条で、光厳上皇が座敷に渡御《とぎょ》するときに「武家両人」が参上したと記されている。さらに、法要の一環として舞楽の「陵王《りょうおう》」が舞われているときには、「武家両人」が「端座」に「移居」したとの記事がある。「武家両人」とは、いうまでもなく尊氏と直義のことである。法要は、その後も滞りなく進み、儀礼の最終盤には宴席（「晴御膳《はれのごぜん》」）が設けられた。その晴御膳がひとしきり終了すると、ここで光厳上皇と「両人」の「御対面」が実現した。

以上見てきたように、貞和元年の天龍寺落成供養において、尊氏と直義の兄弟は基本的に二人がセットとなっており、ほぼ同じ様式で行動したといえるだろう。同じような事例はほかにもある。落成供養から四年後、光明《こうみょう》上皇が天龍寺へと御幸した。このときは、本来なら光厳上皇と光明上皇の二人が揃って御幸する予定になっていたが、直前になって光厳院が体調を崩したこともあり、光明上皇が一人で赴くことになった。ちなみに、光明上皇は光厳上皇の弟、当時の天皇であった崇光《すこう》天皇の叔父にあたる。その光明上皇の御幸に供奉したのは側近の公卿たちと、「鎌倉大納言《かまくらだいなごん》・左兵衛督《さひょうえのかみ》等」であった。鎌倉大納言は尊氏を、左兵衛督は直義をさす。尊氏と直義が同一歩調で参加した天龍寺御幸は、なにも落成供養に限ったことではなかった。

しかし、この落成供養に前後する数年の間に何度か実現した、北朝天皇家の人物による御幸や行幸において、尊氏と直義が顔を揃えて供奉することは、むしろ例外的であった。貞和三年二月晦日に実現した御幸の様子を確かめてみよう。このとき御幸したのは光厳院である。『師守記《もろもりき》』の記事を参照すると、光厳院に供奉した公卿として、洞院公賢、西園寺《さいおんじ》実長《さねなが》、洞院実夏《さねなつ》などがあげられており、それに加えて「三条坊門左兵衛督源直義卿」の名が見える。直義も光厳院の天龍寺御幸に付き従っていたのである。一方で、尊氏の名は確認できない。

このときの御幸については、『園太暦』にも記事が残されている。この日、光厳院は天龍寺を詣でた後、西芳寺《さいほうじ》へと足を伸ばした。天龍寺から西芳寺までは、徒歩で小一時間の距離である。このとき西芳寺では、乗船興《じょうせんきょう》（池に浮かべた船に乗って催した遊興）が用意されていた。光厳院以下の一行は、三隻の船に分かれて幽玄な時間を楽しんだ。

『園太暦』によって、その際の乗船者リストを確認してみよう。まず第一の船には、光厳院をはじめ花山院兼定《かざんいんかねさだ》などが、第二の船には洞院公賢や四条《しじょう》隆蔭《たかかげ》、さらには「殿上人少々《てんじょうびとしょうしょう》」が乗り込んだ。第三の船に乗ったのが洞院実夏や禅僧、そして直義であった。ここでも尊氏の名は確認できない。貞和三年二月の天龍寺御幸には直義のみが光厳院に供奉し、尊氏は姿を現さなかったのである。それは、貞和二年三月十七日の天龍寺御幸でも同じで、このときも尊氏は参加せず、直義のみが参加した。

光厳院・光明院の天龍寺御幸に注目したとき、尊氏・直義が連れ立って供奉するほかに、直義が単独で祗候する場合もあったのである。そして、その一方で、尊氏が単独で行幸に参加する事例は確認できなかったことも付言しておきたい。

公家社会に順応していく直義

光厳上皇など北朝天皇家との関係で、尊氏と直義にスタンスの違いがあったことを最も象徴的に示す事例が康永三年（一三四四）の光厳上皇の天龍寺御幸である。このときの御幸は落成供養の前年に挙行された。建物そのものは、この頃までに完成していたのであろう。足利将軍家の肝いりで着工した大事業の偉容を確認するためだろうか、光厳院は当時の居所であった持明院から天龍寺へと足を運んだ。その御幸に直義は前日から顔を出していたが、例によって尊氏の姿は確認できない。

光厳院が天龍寺に御幸したのは九月十六日で、そのときの様子も『園太暦』に詳しい。そこには「直義朝臣また公卿の末に候ずなり」とある。このとき直義は、公賢などの諸卿の端に位置していたようだ。直義は、さながら最末の公卿のように行動し、それが周囲からも受け入れられていたのである。当時の直義は従四位上という官位にあった。

直義に対する「最末の公卿」という位置付けは、このときの御幸においてほかの場面でも見られる。具体的には「予以下直義朝臣、後戸《うしろど》より参入す」とか、「已後（以後）、諸卿および直義卿などなり」といった表現が散見され、前者は「私（洞院公賢）を筆頭に、直義までが後戸の入口から本堂に入った」という意味で、後者は「（公賢と僧侶の）後ろにいたのは公卿たちと直義である」という意味になる。このとき直義は、公賢以下の諸卿と一体化した存在として行動していたことがわかるだろう。

康永三年の天龍寺御幸では、尊氏の姿が見えないなか、直義が単独で光厳院に供奉しており、そのときの直義の振る舞いは、さながら公卿の一員だったのである。光厳院と良好な関係を維持した直義は、気づけば、ほとんど公家社会の一員のようになっていた。そして、そのような実態を前提として、公家社会は公家故実《こじつ》に則り、直義の存在を適切に位置付けるべく事後処理に動いた。

康永三年の天龍寺御幸が無事におこなわれてから一週間後、朝廷では除目《じもく》（人事異動）がおこなわれた。その除目を翌日に控えた九月二十二日、洞院公賢は光厳院のもとへと参上し、ここで光厳院は、「将軍家への人事について、今回は直義への人事も含まれることとなるのはめでたいことだ」と述べた。直義は、今回の人事で従三位《じゅさんみ》へと昇進を果たしたのである。それでは、なぜ直義はこのタイミングで昇進したのであろうか。

そもそも、直義の三位昇進は、それ以前から光厳院が希望していたことだが、それを直義は恐れ多いことだとして固持していた。しかし、天龍寺御幸に顕著なように、当時の直義は、日頃から光厳院など北朝天皇家の人々の身近に仕えており、その行動は、実態として公卿の礼式に則るものとなっていた。そうである以上、公家社会としては、直義に公卿になってもらわないことには具合が悪かったのである。

天皇の身近に仕えるには、殿上人という資格を得ていなければならなかった。殿上人とは、内裏に昇殿できる貴族をさす。具体的には三位以上（公卿）のことをさし、四～五位でも特別な勅許を下されることで、殿上人としての資格が付与された。当時の直義は四位であったので、昇殿勅許を得れば、その行動を合理化できたはずだが、最も手っ取り早いのは、三位に昇進させて公卿の仲間入りさせることであった。

当初、直義は自らへの昇進提案に難色を示していたものの、公家社会には、官職を帯びない四位の人物が天皇家に側近く仕える状況を快く思わない向きもあったらしい。そのような一部世論に不安を覚えた光厳院は、天龍寺御幸のついでに夢窓疎石と相談し、そこで直義の三位昇進の方向性が定まる。公家社会からの提案に対し、直義は「まったく望んでいないが、そういうことになったら受け入れる」との意向を伝え、ようやく直義の公卿待遇が実現した。直義の昇進に対して、洞院公賢は「直義は『天下執権人』である。頼朝以来、そのような人物を大納言などに任ずるのは通例だ」との感想を書き残している。

なお、直義は昇進後、光厳院のもとを訪ね、謝辞を述べている。当時の公家社会には、上級貴族が昇進すると、拝賀《はいが》（あるいは奏慶《そうけい》）という、謝意を表す儀礼を執りおこなうという慣習があった。このときの直義は拝賀そのものではないが、昇進に対して謝意を表すという、公家社会の礼式に沿った行動をとっていることにも注目したい。

落成供養前後の時期にたびたびおこなわれた天龍寺御幸や、その後の昇進にまつわるさまざまな現象をみていくと、直義が公家社会に順応していた様子が伝わってこよう。天龍寺御幸などを見る限り、どちらかというと、天皇家や朝廷との関係作りに淡泊だった尊氏とは対照的に、直義は北朝天皇家との蜜月関係を形成していたようである。

洞院公賢を頼りにする尊氏と直義

ここまで、『太平記』の記事や天龍寺御幸から、足利将軍家と北朝天皇家との関係を見てきた。そこで確認されたのは、北朝天皇家と蜜月関係を構築し、公家社会にも一定の支持層を形成していた直義の姿である。ここからは、『太平記』や天龍寺御幸以外の事例も含め、さらに尊氏や直義の北朝天皇家・公家社会に対する姿勢一般を検討してみよう。

康永四年（一三四四）、洞院公賢のもとに、足利尊氏の使者である二階堂成藤《にかいどうなりふじ》が訪問した。成藤が伝えた尊氏の用件とは、「今度、めでたく女子が生まれた。それを周囲に知らせるにあたって『女子姫君』という言葉を用いて問題ないだろうか」という問い合わせであった（このとき生まれた女子は、貞和二年〈一三四六〉に夭逝している）。

なんてことのない問い合わせのように思えるが、出産報告の文言を公家である洞院公賢に尋ねているという事実は興味深い。公賢に尋ねている以上、尊氏が知りたかったのは公家故実だったということになる。となれば、尊氏が作成した出産報告の宛て先は、北朝天皇家をはじめとする公家社会の構成員だったと判断される。つまり、尊氏はこの段階において、自らを公家社会に連なる存在だと自己認識しており、ゆえに、公家社会のルールから逸脱しないよう配慮していたのである。

そのような尊氏の姿勢は、手紙を書くにあたって慎重に書札礼《しょさつれい》（手紙の作法。現代で言えば、「拝啓ではじめれば敬具で終わる」といったようなもの）を確認していることからもわかる。貞和二年、尊氏は「土御門入道親王 并《ならびに》 関白」宛てに書状を作成するにあたって、書札礼を問いあわせている。問い合わせた相手は先と同じく洞院公賢で、使者もやはり同じく二階堂成藤だった。この頃の尊氏は、公家社会のルールを確認しなければならないことも多くなっており、そのようなときには、二階堂成藤を洞院公賢のもとに遣わすというルーティンになっていたようである。

わからないことがあれば洞院公賢に尋ねるというのは、直義も変わるところがなかった。尊氏が公賢に書札礼を問い合わせた翌年、直義も公賢に同じ質問をしている。使者は、例によって二階堂成藤であった。前関白である近衛経忠《つねただ》に書状を送るにあたって、直義も書札礼を公賢に確認している。公賢は、「去年の九月にお兄さんの尊氏から同じことを聞かれて、そのときに教えたはずだが……」と半ば愚痴をこぼしながらも、翌日までには返答することを約束している。

ここで重要なのは、尊氏も直義も公家社会の書札礼に慎重に気を配っていることである。兄弟ともに、必要の範囲内で公家社会の故実を重視していた。ただし、これまでみてきた諸相からも想像されるように、そのような公家社会の故実を重視する姿勢は、直義のほうにより顕著である。

直義が三位に昇進して、肩書上は公卿の仲間入りしたことを先に述べたが、当時の公家社会には、昇進した後には拝賀奏慶（昇進のお礼）をおこなうという慣習があった。もっとも、実態としては費用の問題から大幅に時期が遅れたり、そのままうやむやにしてしまうことも多かった。直義もその例に漏れず、三位昇進後も拝賀奏慶を延び延びにしてしまっていたが、直義にはどうしても内裏と仙洞に参上しなければならない用向きがいくらでも存在した。そして、院参せざるをえない状況に直面した直義は、例によって成藤を介して公賢に、未奏慶の身でありながら、衣冠装束で参内・院参することの可否を問い合わせている。

また、尊氏と連れだって参加した貞和五年の天龍寺御幸では、官位が異なる尊氏と同じような行粧《ぎょうそう》で行列することの可否について、公賢に尋ねている。直義は、衣装や行粧に細かく配慮をめぐらしていたようだ。

そのような直義の姿勢はほかにも、観応の擾乱で尊氏と袂を分かったあと、再び京都に帰還したときの様相にも顕れている。擾乱の過程で直義は出家を余儀なくされた。一時的とはいえ直義が京都政界に復帰したのは、出家より以降のことであった。そこで、京都に戻った直義は、さっそく公賢に質問した。直義が示した不明点は多岐にわたるが、なかでも傾注すべきは、直義が「出家の身として、オフィシャルな服装は『鈍色長絹袈裟《どんじきちょうけんけさ》』だと思うが、日常的にはどうすればよいのか」との伺いを立てていることである。観応の擾乱の中で、直義は出家を余儀なくされる。その後、政界に復帰するにあたって院参することになり、そのときの装束について公賢に相談をもちかけたのである。

　直義が自らの服装などに心を砕いていたことを示す史料は、以上のように、一つならず提示できる。それだけ、直義が公家社会の故実や作法に順応しようとしていたということである。それでは、なぜ直義は公家社会の作法や故実に忠実たろうとしたのであろうか。背景には、北朝天皇家、なかでも光厳院との深い間柄がある。

なぜ直義は参内・院参をくりかえしたのか

　ここまで、洞院公賢の『園太暦』という日記を多用してきたが、この時代のことを知るうえでもうひとつ外せない史料として、『師守記』という日記がある。筆者はかつて、試みに『園太暦』と『師守記』を用いて、尊氏と直義が参内・院参した回数を調べたことがある。それによると、両記が残されている期間では、直義は十回にわたって参内・院参をくりかえしているのに対し、尊氏は一度だけしか確認できなかった。もっとも、一例だけ残されている尊氏の参内については、「今年になって初めてである」と記されている。この記述の含意は、「前年までは何度か参内していたにもかかわらず、年が明けてからは参内がここまで実現していなかった」ということであろうから、史料上残されていないだけで、尊氏が一度だけしか参内・院参していないということにはならない。しかし、それは直義についても同じことがいえるので、少なくとも比例関係として、「尊氏：直義＝1：10」くらいの割合だったのであろう。

ともあれ、直義は頻繁に参内・院参していた。しかも、直義の参内・院参は、年末年始の参賀など儀礼的なものにとどまらず、必要に応じてくりかえされるものだったらしい。直義の参内に関して、『師守記』には「理由は知らないが直義が参内したらしい」といった書かれ方をした記事が残されている。では、直義は何のために参内・院参していたのであろうか。それは、室町時代には公武両首脳が協力しなければ解決できない重要事項が数多く存在したからである。直義は、政治家としてそれらの懸案を解決すべく、参内・院参をくりかえしていたと思われる。三位以上の公卿格への昇進を直義が受諾したのは、そのための必要措置だったからともいえる。

では、公武両首脳が協力しなければ解決できない政治案件とは何であったか。その最大のものは、ずばり、皇位である。おいおい説明することとなるが、室町時代の朝廷と幕府、あるいは天皇家と将軍家にとって、最重要課題は、安定した皇位継承にあった。皇位継承の安定なしに、政権は安定しえなかったからである。とくに尊氏・直義並立期の段階では、南朝という明確な対抗勢力があった以上、幕府にとっては、その旗印たる北朝の安定した皇位継承こそ喫緊の課題となっていた。

実際に直義は、皇位継承がトラブルなく遂行されるための尽力を惜しまなかった。貞和四年（一三四八）に直義と光厳上皇の間で取り交わされたやりとりを見てみよう。この年の十月に崇光天皇が皇位に即くこととなるが、その前月の五日、光厳上皇は萩原殿《はぎわらどの》へと足を運んだ。萩原殿の主は、花園上皇である。目的は、「立坊已下事《りつぼういげのこと》」を相談することにあった。立坊とは公式に皇太子を立てること、いわゆる立太子《りったいし》である。崇光天皇の即位を前提として、その皇太子を誰にするか、光厳上皇と花園上皇の間で、なにやら話し合いがもたれたらしい。

光厳上皇と花園上皇の関係については、飯倉晴武氏によりまとめられている。それによると、光厳院の心づもりでは、自らの皇統は崇光までで、崇光の次には「師父」と仰いだ花園の皇子（光厳院にとって猶子《ゆうし》）である直仁《なおひと》親王を皇位に即ける計画であったという。ならば、光厳上皇と花園上皇により話し合われた内容とは、光厳上皇の皇位継承方針を既定路線化する前の最終確認を、直仁の親権者たる花園院にもちかけたものと考えられるだろう。

そして、実は、この皇太子決定には直義も少なからず関与していた形跡がある。光厳上皇と花園上皇との話し合いがもたれる一週間ほど前に、直義は光厳上皇の御所を訪問し、「東宮践祚《とうぐうせんそ》と親王立坊などの事（崇光天皇の即位と次期皇太子の件）」について意見しているのである。その後、結果として、康永二年（一三四三）の置文《おきぶみ》の内容がそのまま実現していること、光厳上皇が「日頃の念願が叶って本望である」と満足したとの史料があることをあわせて考えるならば、このとき直義が積極的に何かを提案したというより、光厳上皇の意向に直義が承認・保障

系図２　天皇家略系図（１）

を与えたというのが実態に近いと思われる。

崇光天皇の即位と直仁の立太子は、かなり変則的なかたちで実現したものであったが、その実現の決め手は、直義の太鼓判であったと評価できるだろう。直義は北朝天皇家との信頼関係を築き上げ、皇位などにも意見表明するようにまでなっていたのである。将軍の尊氏でなく、それを直義が担っていたという事実は、二頭政治の実態を究明するうえで今後も考えていかなければならない問題であるが、ここで押さえておくべきは、室町幕府草創の段階において、足利将軍家の「公家化」と「天皇家への接近（皇位への関与）」という二現象が発生していたということである。というのも、歴代室町将軍の中で、最も公家社会や天皇家と深く関わったとされるのは義満であるが、そのような義満の行動は、義満個人の個性として語られることも少なくないからである。

しかし、直義段階で、「公家化」と「天皇家への接近（皇位への関与）」という二現象が発生していたとするならば、義満の行動に対する評価についても再検討が求められる。すなわち、義満の公家や天皇家へのスタンスは、直義以来の路線の延長に位置付けることが可能なのではないだろうか。そこで、次に、義満期について検討を加えたい。

第二章　足利義満と北朝天皇家

「王権簒奪計画説」の衝撃

室町時代の将軍と天皇家の関係を考えるうえで、義満は外せない人物である。本書冒頭で紹介したように、作家の井沢元彦氏は、義満のことを天皇になろうとした将軍であり、それは歴史上で唯一人であるとした。ここまでみてきた直義と光厳上皇の関係は、直義が光厳上皇に身近く祗候し、場合によっては皇位継承に保障を与えるなど、基本的に北朝天皇家の存立・安定的持続に対してプラスの影響を与えるものであった。しかし、井沢氏が提示する義満像に従うならば、義満は北朝天皇家の存立・安定的持続を妨げる存在であったことになり、直義とは真逆の政策を持っていたことになる。はたして、そのような解釈で問題ないのだろうか。

そもそも、井沢氏が論じた、「義満は天皇になろうとしていた」という説は、何も井沢氏の独創ではない。すでに戦前の段階で、東京大学で教鞭をとった田中義成氏によって主張されており、知っている人なら知っている説であった。

しかし、本書の読者のなかで、「義満は天皇になろうとしていた」という説をご存知の方がいるな

足利義満木像　鹿苑寺旧蔵

らば、それは今谷明氏による「王権簒奪計画説」によるものであろう。昭和から平成へと、六十四年ぶりの代替わりがおこなわれた直後の一九九〇年に提唱された今谷氏の所説は、天皇制そのものへの社会的関心の高まりを背景に、日本中世史学界を越えて、社会的に大きな衝撃を与えた。

戦後歴史学においては、戦前の皇国史観に対する反省（反動）からか、天皇関連の研究が総じて忌避される傾向にあった。室町期についてもそれは例外ではなかったのだが、そこに突然、王権簒奪計画説という爆弾が投下されたのである。時あたかも学際的研究ブームが学界に巻き起こっており、今谷氏の所説には人類学など他分野からも積極的な反応が示され、室町期政治史は、王権簒奪計画説一色に染まったといっても過言ではない。

今谷氏の王権簒奪計画説は、結論だけ述べれば、井沢氏による「義満は天皇になろうとしていた」という説とほぼ同趣旨である。とはいえ、戦国期畿内政治史研究で実績を重ねた研究者だけに、方法論的としては一応なりとも学問的手続きが踏まえられている。ここでは、今谷説の概略を提示する。

今谷氏によると、足利義満は天皇権限を順次吸収し、極小化することで天皇家を追い詰めていったという。具体的には、まず義満は後円融《ごえんゆう》天皇を圧迫した結果、後円融院はなかば廃人化したことを確認する。そして、事実上、公家の人事は義満と摂関（二条良基）により決定されており、人事権が天皇から奪われてしまったこと、北山第《きたやまてい》（晩年の義満の邸宅）での祈祷《きとう》が朝廷より大規模であったことから、天皇祭祀権が否定されたこと、新しい年号が義満の一存で決定されたり、義満の希望が却下されると、その後は義満の圧力により三十五年にもわたって改元がおこなわれなかったことから、改元権も義満が掌握したこと、そして、後小松《ごこまつ》への皇位継承を義満が保障しているように、皇位決定権さえ義満に帰していたこと、などを主張している。要するに、本来、天皇が掌握すべき諸権限をすべて義満が奪取してしまい、天皇権威は地に墜ちたとするのである。

そのうえで今谷氏は、天皇権威の低下と反比例するように、義満の権威権限が向上していく様子を描き出す。たとえば、比叡山延暦寺の講堂供養《こうどうくよう》で義満は出家したが、そのときの先例が後白河《ごしらかわ》上皇・後嵯峨《ごさが》上皇であったこと、相国寺《しょうこくじ》供養では、義満が亀山《かめやま》法皇の先例により行列を組んでいたこと、北山第如法経会《にょほうきょうえ》が後白河上皇の法会の先例に準えて挙行されたこと、などから、義満の待遇が上皇待遇であったことを論じる。

義満の上皇待遇については、二条師嗣《もろつぐ》による義満宛ての書状で、上皇に準える書札礼が用いられていること、一条経嗣《いちじょうつねつぐ》が義満の任太政大臣拝賀に扈従《こしょう》するにあたって、「院拝礼」のときと同じように所作していること、応永十二年（一四〇五）の法華八講《ほっけはっこう》では、上皇しか用いない「三衣筥《さむえばこ》」を義満が使用していること、などからも確認できるという。

さらに今谷氏は、義満の親族が天皇家化していく様相へと筆を進める。まず、義満の正室である北山院（日野康子《ひのやすこ》）について。通陽門院《つうようもんいん》（後小松の母）の死去に際して、若年での退位が常態化していた当時において、長くない在位期間中に二度の諒闇《りょうあん》（喪に服すこと）は不吉であるとして（後小松天皇にとって、すでに死去した父後円融に続く二度目の諒闇になった）、「死んだのは母でない」という体裁を整えるべく、北山院を准母《じゅんぼ》（形式上の母）として立てられることになったが、そのことで義満が天皇の形式上の母の夫、すなわち後小松天皇の形式上の父親化したと指摘する。

また、義満の庶子《しょし》（今谷氏の理解に従うと、天皇の義理の父の子どもで天皇の義理の弟に相当することになる）であった義嗣《よしつぐ》について、元服前であるにもかかわらず、驚異的な速度で官位が上昇したこと、応永十五年の北山第行幸において、元服前にもかかわらず天盃《てんぱい》を受けたこと、内裏で元服儀を遂げたこと、などの状況証拠から、義嗣は次期天皇として仕立て上げられることになっており、「上皇である義満と天皇である義嗣」という設計図を義満は作成していたと主張した。

進められた王権簒奪計画説の見直し

これまで見てきたことでお気づきの方もいるかもしれないが、王権簒奪計画説はすべて状況証拠だけで立論されているところに特徴がある。しかも、応永二十二年（一四一五）に義満が急死したことで、真相が藪の中へとなってしまったので、賛成するにしても反対するにしても、なかなか説得力を持たせるのが難しく、その後、多くの批判が寄せられたものの、全否定するには決定打を欠く状況が続いていた。

しかし、近年になって「室町ブーム」とも称される研究状況の活性化により、今谷氏の所説は、ほぼ過去の産物と化しつつある。その具体相をここで論じる余裕はないが（詳細は拙著『室町時代の将軍家と天皇家』を参照していただきたい）、文部科学省教科書調査官の肩書を持つ高橋秀樹氏は、それらの議論を総括して、「注目を浴びた新説でも、その後の検証によって否定的な意見が相次いだことで、教科書への掲載が見送られるケースがある。足利義満による皇位簒奪説もそのひとつである」「皇位簒奪説には検討が加えられ、史料解釈に飛躍があるなどの批判が数多く出された。最近刊行された通史類も、この説には批判的である」と評価した。

私見によると、義満期の公武関係には、前後の室町将軍の時期と比べて顕著な特徴がある。それは、「将軍（足利義満）と天皇（後円融）の仲が険悪であった」という特徴と、「将軍（義満）が朝廷や天皇家に過剰なほどに積極的な関与をみせる」という特徴である。この二つの特徴をつなぎ合わせ、「義満は、朝廷や天皇家を意のままにするために、後円融上皇を圧迫した」と解釈したのが、今谷氏の所説の基本構造である。

結論を先回りして述べれば、今谷氏が状況証拠としてあげた義満の行動は、むしろ直義からの延長線上で理解したほうがよいように思う。すなわち、義満と後円融院の仲が険悪であったことは、喧嘩するほど近しい距離感に両者があったことを示していないだろうか。義満が朝廷や天皇家に積極的に関与したのは、直義が公家社会秩序の一員として行動していたことを前提としているのではなかろうか。いずれにしても、改めて義満期の公武関係を見直す必要がある。そして、そのような見直し作業は近年、急速に進んでいるので、次に主だったものを紹介していきたい。

朝廷政治の再建に努めた二条良基

義満期の公武関係像に対するイメージは、ここ十年ほどで、一八〇度旋回したといって過言でない。その契機は、今谷氏の「王権簒奪計画説」に対する直接的な批判から発生したのではなく、おそらく、小川剛生氏の『二条良基研究』にあるだろう。義満の生き様を改めてていねいに再検討した小川氏により提出された二条良基像は、当該期の公武関係に対するイメージに抜本的な見直しを迫ることとなった。そこで、氏の研究に導かれながら、二条良基の人物像を示したうえで、良基と義満の関係を確認し、さらには、義満の公家化の意味についても考えてみたい。

二条良基は、五摂家《ごせっけ》の一つである二条家に生まれ、成人後は長きにわたって摂関職を歴任しつつ公家社会を指導した、当代きっての大物政治家である。その良基は、建武三年（一三三六）、北朝（持明院統）の光厳上皇の後見下で元服を遂げた。いまだ建武政権が完全崩壊しきっていない状況下で、後醍醐（南朝）ではなく北朝に奉仕しているところが、彼のその後の生き方を暗示している。

良基は若い頃から野心的だったらしく、本書でも何度か登場している、当時の重鎮であった洞院公賢をライバル視していたらしい。儀礼作法に優れる洞院公賢に対抗すべく、良基は熱心に儀礼作法を学んだ。公賢は摂関家ではなく、それより家格の劣る清華家《せいがけ》出身であり、本来なら対抗しなくても自動的に良基は上首になれることになっていた。にもかかわらず、儀礼作法の知識面でも対等に渡り合おうとするところに、良基の基本的な性格があらわれている。

そんな良基であるから、政務に関与するにふさわしい年齢になるや、積極的に朝廷政治を主導した。尊氏と直義が袂を分かち、室町幕府が分裂することになった観応の擾乱よりも以前においては、北朝朝廷も一応の安定期となっており、光厳上皇は徳政《とくせい》（あるべき政治の提示と、その実行）に着手した。その光厳徳政を主導したのが良基であった。この時代の良基は、朝廷における余剰人員のリストラを断行し、また、朝廷儀礼においては適切な故実作法で率先して範を垂れたという。

良基は、擾乱の混乱の中でスタートを切った後光厳親政においても、朝廷政治の再建に積極的な態度を堅持し、議定衆《ぎじょうしゅう》として政務に関与した。しかし、当時の北朝朝廷は、評定衆《ひょうじょうしゅう》としていくら理非《りひ》を究《きわ》めて裁決を下したところで、その判決に従わせるだけの実行力を喪失していたので、徳政で必ず施行される神事興行も、理念をうたうだけの空疎なものとならざるをえなかった。朝廷政治を再建するためには、武家による強制力（現実的実力＝武力および経済力）が必要不可欠であることを痛感した良基は、やがて、足利将軍家に接近するようになる。

文和二年（一三五三）六月、山名時氏《やまなときうじ》・師義《もろよし》は尊氏から離反し、南朝の楠木正儀《まさのり》軍とともに上洛すると、難を避けるべく、北朝の後光厳天皇は比叡山へと逃れ、さらに美濃国小島《おじま》（岐阜県揖川町）まで退避することとなった。翌七月には、関東に在陣していた尊氏が大軍を率いて京都へとんぼ返りし、美濃国垂井《たるい》（岐阜県垂井町）で後光厳天皇と合流する。小川氏によると、美濃国小島まで後光厳天皇に付き従い、尊氏と対面することとなった二条良基は、武家の実力を実感し、この経験をきっかけとして公家社会に将軍を引き入れるようになるという。

義満を公家社会に招き入れる

足利将軍家との協力関係を築いた良基の狙いは、将軍を朝廷儀礼などの公事《くじ》に参加させることにあった。なぜならば、将軍が儀礼に参加した場合、幕府としては将軍に赤っ恥をかかせるわけにはいかないから、その儀礼は威儀厳重に執りおこなわれなければならない。そして、当時の公武社会には、朝儀の威儀厳重な催行に対して武家社会が莫大な訪《とぶらい》（見舞金）を朝廷に献上するという慣習が成立していた。つまり、首長たる義詮《よしあきら》や義満が朝儀に参加する以上、幕府はその威儀厳重な催行のための財政援助を惜しむわけにはいかなかったのである。公家社会の視点に立てば、将軍を公事に参加させれば、臨時収入がもたらされるということである。このような構造を適切に理解していたからこそ、良基は歴代の足利将軍家当主と蜜月関係を構築し、公家社会に引き入れていくのである。その総決算ともいえるのが、四十歳近く年齢の離れた義満との関係構築である。

義満は、三十八歳で人生の幕を閉じた義詮を継いで、貞治六年（一三六七）、十歳で将軍に就任した。細川頼之《よりゆき》の後見のもと成長した義満は康暦元年（一三七九）、大納言に昇進すると右大将《うだいしょう》も兼任するに至る。右大将に任じられた義満は、当時の慣例にのっとり、拝賀を遂げる必要に迫られた。ここまで何度か説明してきたように拝賀とは、任官にあたってお世話になった人々に謝意表明することを一義的な目的とする儀礼であったが、イメージ的には、現在でいう就任披露パーティーに近いように思う。パーティーとはいえ、オフィシャルなパーティーであるので、先例故実を忠実に守ったうえで振る舞わなければならない。この際、義満に先例故実を授ける指南役に選ばれたのが良基であった。以降、両者は頻繁な交流をくりひろげていく。

良基の指導を受けた義満は、本格的に公家社会に参入する。父祖の尊氏や義詮は、大納言など朝廷官職に任命されながらも名目だけだったのに対し、義満は実際の公卿として朝廷儀礼にも出席するようになったのである。そして、積極的な経済的援助を惜しまず、南北朝内乱で荒廃した朝廷儀礼の復興に尽力することとなる。そんな義満との関係性において、良基は「大樹扶持之人《たいじゅふちのひと》」、すなわち、将軍のアドバイザーと認識されていた。義満公家参入の黒幕は良基であったと考えてよい。その頃には、後円融天皇の治天下となっていたが、後円融は痼癪もちで、人間的に難も多かった。そのような後円融に見切りを付けた義満と良基は、後円融を無視して、事実上二人で朝廷政治を取り仕切るようにまでなった。良基の目論見どおり、足利義満なる将軍に付随する強制力や経済力が公家社会に持ち込まれ、朝儀は復興を遂げることとなった。

義満が公家化した意味

もっとも、義満は良基にとって必ずしも「都合のよい人」ばかりではなかった。公家社会でもリーダー格となった義満は、時に当時の公家社会の慣習を逸脱することも少なくなく、良基がそれを咎めても、かえって義満の機嫌を損ねるだけというようなことも起きていた。良基でさえコントロールできなくなった義満は、気がつけば、公家衆にとって恐怖を感じるような一面もあわせ持つ存在となる。とはいえ、大局的に見て義満は、公家社会にとってもはや必要不可欠であった。

一方で、義満は後円融天皇（上皇）を、政治的に無力化するという挙にも出ている。本書において詳しく論じることはできないが、そのこと自体は史実であったと思われる。間違いなく、義満と後円融の個人的な関係は険悪だった。両者の険悪な関係を最大限に重要視し、それをもって「将軍家と天皇家が破滅的に対立し、将軍家が天皇家を超克するに至った」と論じたのが今谷氏の所説である。

しかし、義満という個人と、後円融という個人との相性が悪かったとしても、当該期の将軍家と天皇家が構造的に対立する関係性にあったということにはならない。義満期の公武関係、あるいは室時代の将軍家と北朝天皇家の関係を全体構造として考えるためには、義満と後円融の個人的関係という偶発的事象を相対化したうえで検討を加え、そこにある必然を見出さなければならない。まずは、そのための基礎作業として、当該期の天皇家が置かれていた現実を確認しておこう。

　尊氏から義満くらいまでの時期を、一般に「南北朝時代」と呼称する。それは、当該期には北朝と南朝という二つの天皇家が並立していたからである。なぜ二つの天皇家が並立するようになったかについて、ここで再述することはしないが、一言でいうならば、後醍醐（大覚寺統）という現役の天皇と決別したことで、それに対抗する天皇家を別に担ぎ出す必要に迫られた尊氏が、持明院統の光厳院宣を獲得し、北朝を擁立したことにより発生した現象である。

　そして、当該期における天皇家の状況をさらに複雑なものとしていたのは、単に天皇家が二つに分

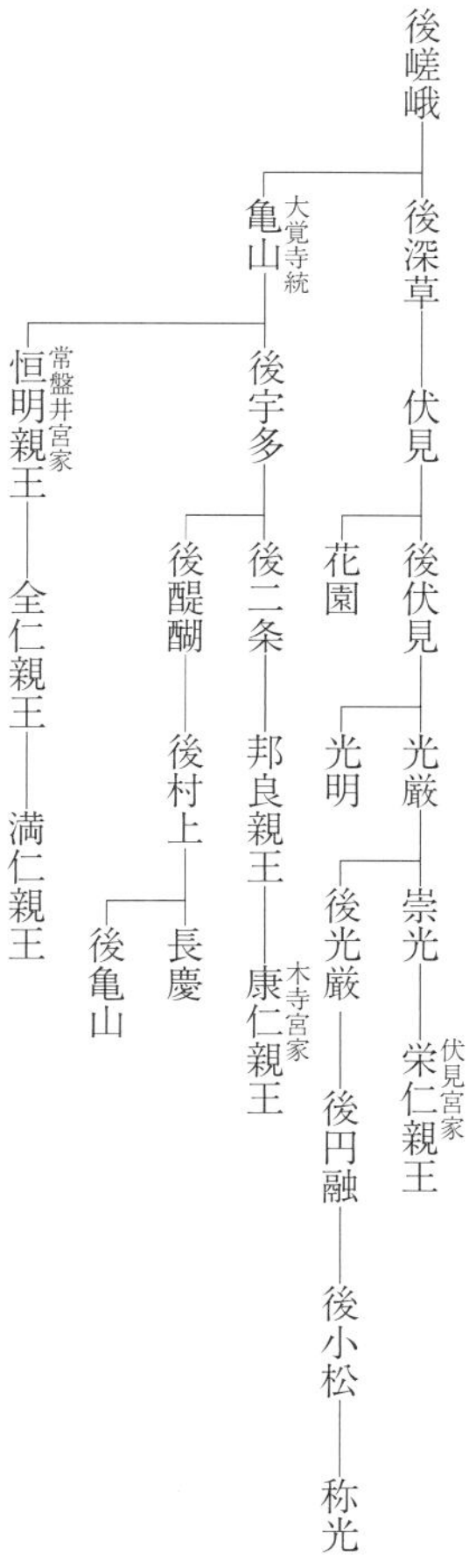

系図３　天皇家略系図（２）

裂していただけではなく、北朝内部もまた、複数の天皇候補家系が存在していたこと、大覚寺統のなかにも親北朝派が存在していたということである。十五世紀初頭には、「後光厳―後円融―後小松―称光《しょうこう》」と連なる皇統のほかに、持明院統には伏見宮家《ふしみのみや》がおり、大覚寺統にも後南朝以外に常磐井宮《ときわいのみや》や木寺宮《きでらのみや》などの皇族が存在していた。それらのなかで、とくに当時の首脳の頭を悩ませたのは、北朝内部における伏見宮家の存在である。

北朝内部に複数の皇統が並立するようになった契機は、「正平《しょうへい》の一統《いっとう》」と呼ばれる政治的混乱にある。文和元年（正平七年、一三五二）、観応の擾乱のさなか、直義軍と全面対決すべく鎌倉下向を控えた尊氏軍は、後顧の憂いを断つべく南朝に和議を申し入れた。喫緊した情勢を前に、尊氏のほうから南朝に頭を下げたのであり、形式上、尊氏の降伏という体裁がとられた。ゆえに皇位については、崇光天皇と皇太子（直仁）が廃され、後村上《ごむらかみ》が正式な天皇であるということになった。むろん、尊氏としては暫定的な措置であり、後顧の憂いを案ずる必要がなくなれば決裂する「一統」にすぎない。

南北両朝の和平はもろくも崩れることとなったが、その「一統」が決裂したときに見せた南朝軍の対応は素早いものであった。京都にいた義詮に攻撃を加えて近江へと逐うと、義詮は、北朝の皇族（光厳、光明、崇光の三上皇と直仁廃太子など）を京都に置き去りにしてしまう。南朝軍は、それら北朝の主要メンバーを拉致し、三種の神器ともども吉野へ連行してしまった。幕府の側からみれば、手元から皇族がいなくなったということである。南朝に対抗するためには北朝が必要であるにもかかわらず、北朝を構成すべき皇族が不在となったことの影響は計り知れない。

事の重要さをかんがみ、幕府や北朝朝廷は、たまたま連行されずに済んでいた後光厳を新たに天皇として即位させた。当時の皇位継承には、本来なら上皇による手続きと三種の神器が必要であったが、上皇も三種の神器も、南朝の管理下に置かれてしまっていた。窮した幕府と北朝朝廷は、後光厳の即位を継体《けいたい》天皇の先例で合理化する。たしかにそれで先例上の辻褄は合うのだが、さすがに、それだけで正常な皇位継承手続きを踏んだ天皇と同じものとして周囲が認識するということはなかったらしい。

とくに、文和四年から延文二年（一三五七）にかけて、元の北朝天皇家主要メンバーが解放されて帰京を果たすと、後光厳天皇に対するまなざしは厳しいものとなる。松永和浩氏によると、権威に乏しい後光厳天皇の求心力を回復させるべく、幕府は公家に後光厳への忠節を要求し、「後光厳への忠節は、幕府への忠節でもある」として、厳罰主義で公家衆に接したという。いわば、幕府の力ずくで忠節を強制することによって、後光厳に対する公家衆の求心力を回復させたのである。

細かな部分はさておき、ここで強調しておきたいのは、南朝や大覚寺統だけでなく、北朝内部においても皇統の分裂（元の主要メンバーの系列と、後光厳天皇の系列）が発生してしまっていたこと、歴史のいたずらの結果、皇位に即いた後光厳天皇の権威には不安があったことの二点である。

後光厳流を保護した義満

南朝に連行されるという、なんとも不運な運命に翻弄された光厳・光明両上皇と崇光天皇であるが、やがて崇光は京都に帰還して以降、自流を北朝天皇家の正統として再設定すべく、公家社会を巻き込みながら、政治工作をしかけていく。朝廷内には現正統の親後光厳流派に対する、親崇光流派が形成され、親崇光流派は当時の幕閣をも味方に引き入れていく。山田徹氏によると、貞治年間後半（一三六〇年代後半）に、崇光流派は一定の巻き返しに成功するが、その背景には、幕府の宿老であった土岐《とき》頼康《よりやす》の存在が確認されるという。

頼康が崇光流を支持した背景には、後光厳流を支持する細川頼之に対抗するという政治的目的があったらしい。やがて崇光流（＝頼康派）と後光厳流（＝頼之派）の争いは、後光厳流（頼之派）の勝利として幕引きがなされ、後光厳天皇の子息である後円融天皇の即位として結実する。

もともと細川頼之は、幼少の義満を管領として代行する、いわば幕府主流派であった。後光厳を擁立したのが幕府であったことをふまえれば、幕府主流派が現正統の後光厳流を支持するのは当然のことである。康暦の政変で頼之と袂を分かつこととなったとはいえ、頼之の圧倒的な影響下で育った義満も、北朝天皇家に対する姿勢としては、頼之など幕府主流派と態度を同じくしていたらしい。

義満の皇統観については、家永遵嗣氏による分析があるので、見ておこう。家永氏によると、義満は永徳三年（一三八三）、禁裏《きんり》小番《こばん》の制を創設したが、それは廷臣と後小松天皇（後光厳流の皇位継承者）を結びつけるためであったという。禁裏小番とは、廷臣が内裏（天皇御所）や仙洞御所（上皇御所）に宿直したシステムのことであるが、義満は公家衆に後小松居所の宿直をつとめさせることで、公家衆と後小松の結びつきを強化させたのである。そして、これは、唯一の経済的基盤ともいえる長講《ちょうこう》堂《どう》領を没収することで、崇光流を破滅に追い込むための準備作業の一環であったという。

また、家永氏は、出家後の義満が事実上の上皇化を遂げたことについても、応永二年（一三九五）に義満が出家するにあたって、出家後も内裏に参入し、これまでどおり政務を取り仕切るという確約を、義満から後小松が取り付けていることを重視し、義満の上皇化とは、後小松の特別な委任によって実現した、本来は越権行為であったはずの政務決裁のあり方であったと述べる。

そして、総じて義満の挙動とは、「幕府による朝廷に対する支配」ではなく、「後小松天皇から朝廷政務の指揮を委任されることによる公家としての朝廷支配」であったと位置付ける。

家永氏が提示した、義満の挙動に対する解釈の歴史的位置付けを、本書なりにまとめ直してみよう。まず、細川頼之とその影響下に育った足利義満は、後光厳流を護持する立場で皇統の問題を処理していた。つまり、後光厳流支持というのは、いわば〝幕是〟であり、そのためには、状況に応じて幕府が朝廷の政局に対して露骨に介入することも少なくなかった。晩年の足利義満は、上皇（治天の君＝天皇家家長）として振る舞うようになるが、それは、後光厳皇統による政務運営に対する直接的な保護行動と評価され、後光厳皇統の正統化作業そのものといえるのであり、細川頼之執政期から一貫して続いてきた過程の最終形態と位置付けられる。

義満の態度について、家永氏は「崇光流からみれば敵対的だが、後光厳流皇統からみると敵対的とは言えない」と評価するが、筆者としても、これに尽きると考える。義満の天皇家に対する行動は、「後光厳流」という枠組みで考えれば、一貫してその存在を支持していたのであり、全体を俯瞰した場合、義満の政治行動は北朝天皇家の存続を保障する作用をもたらしていたのである。

北朝を襲う後南朝勢力の脅威

ここまで見てきたように、近年の公武関係論は、それ以前の研究が漠然と「天皇家」と一括りにして論じてきたことに対する危険性に警鐘を鳴らしている。南北朝から室町期における公武関係、あるいは将軍家と北朝天皇家の関係は、当該期の天皇家の分裂状況を踏まえたうえで、あらためて全体像の構築が求められている。

亀田俊和氏による『南朝の真実』が好評を博しているように、近年も南朝に対する関心は強い。南朝のどこに、そのような吸引力があるかというと、一つには、自然消滅的に皇胤が四散したことにより、あたかも平家の落人《おちうど》のごとく、「現在でも日本のどこかで人知れず〝来たるべき時〟を待っているのではないか」との好奇心をかき立てるところにあるのだろう。

そのようなもう一つの皇統に対して、北朝あるいは室町幕府は、そもそも南朝関係者を皆殺しにするといった意志を持たなかった、あるいは後醍醐や大覚寺統の皇胤の実態を、正確に把握していなかったとされている。それゆえ、南朝勢力が実質を失って以降も世相不安のたびに、南朝皇胤の存在がクローズアップされることとなったのである。それら南朝皇胤（と称される人物）とそれを担ぐ勢力は、中世史学界において「後南朝」と呼称されることが多い。そのような後南朝の存在感は、室町幕府主流派への不満を抱く勢力が、北朝を擁する室町幕府（あるいは足利将軍家）に対抗すべく、そのときどきに適当な後南朝皇胤を旗印として利用することで再生産され続けた。

　後南朝の動向をごく簡単に列挙すると、応永十七年（一四一〇）に後亀山《ごかめやま》院が京都から出奔したのを皮切りに、南朝の「忠臣」であった北畠《きたばたけ》家の当主満雅《みつまさ》が三度にわたって挙兵するたびに、「南方《なんぽうの》宮《みや》」や「小倉宮聖承《おぐらのみやせいしょう》」が担ぎ出された。また、永享九年（一四三七）に将軍義教の弟大覚寺《だいかくじ》義昭《ぎしょう》が、義教への野心を疑われて出奔したときには、「玉川宮《たまがわのみや》」「護聖院宮《ごしょういんのみや》」との関係が取り沙汰された。また、赤松氏が嘉吉の変で将軍義教を暗殺し、幕府軍と対決せざるをえなくなったときには、「小倉宮」の末子を奉じたとの噂が流れている。さらに、嘉吉三年（一四四三）に「禁闕《きんけつ》の変」と呼ばれる内裏乱入事件が発生したときにも、首謀者として後南朝皇胤とされる名前が古記録類に記されている。

　このように、十五世紀を通じ、後南朝は幕府に不平を抱く勢力によってシンボルとして担がれており、義満以降の時期においても、北朝に隠然たる恐怖感を与える存在として認識されていた。

後光厳流と崇光流の一体化

後南朝の例だけでもわかるように、皇統の混乱は義満期に解決したわけでは決してなく、その後の将軍たちの頭を悩ませ続けた。その最たるものが、すでに詳述した崇光流（伏見宮家）である。崇光流の人々は、その後、京都南郊の伏見に居を移し、政治的には、極力、将軍家や後光厳流を刺激しないように過ごしていたが、それでも、後光厳流にとっては南朝よりもはるかに現実的な脅威であったとされる。その脅威を除去すべく、後光厳流を擁する足利将軍家（あるいは室町幕府）の義満は、応永五年（一三九八）に崇光院が薨去すると、崇光流が伝領していた長講堂領などの所領を召し上げて、後光厳流の後小松の所管とした。

これを契機に、後継者栄仁《よしひと》など崇光流の人々は伏見に転居し、それにより「伏見宮家」と呼ばれることとなるのだが、栄仁も応永十九年には死去する。伏見宮家の人々は、その際にわずかに残された所領さえも流出する危機感を抱き、柯亭《かてい》と名付けられた笛の名器を後小松に献上するなどの工作に余念がなかった。

栄仁の嫡子治仁《はるひと》は、若くして死去した。その死は、当時の人々にとって不自然と感じられるものであったらしく、治仁の跡を継続した弟の貞成《さだふさ》親王に疑惑の目が向けられるという一幕もあったが、それまでに後小松院や将軍義持と良好な関係を築いていた貞成は窮地を脱し、これ以降は伏見宮家も比較的平穏な日々を送ることとなる。しかし、それは遺産相続の安堵を後小松や義持に申請するなど、崇光流が後光厳流の風下に置かれる皇統であることを甘受することによりもたらされた平穏でもあった。いずれにせよ、崇光流（伏見宮家）は正平の一統で後光厳流が擁立されて以降、一貫して抑圧下に置かれていた。これは、当該期において崇光流がそれだけ危険視されていたことの裏返しである。義持時代に至ってもなお、後光厳流にはきわめて有力な対抗皇統として、崇光流なる存在が横たわっていたのである。

このような皇統の分裂が一定の解決をみたのは、足利義教の時代である。崇光流と後光厳流の並立問題は、意外なかたちで解消する。後光厳流の後小松院には、二人の男子がいた。長男が称光天皇で、次男は小川宮《おがわのみや》と呼ばれたが、その小川宮は応永三十二年に急死する。そして、兄の称光天皇も、応

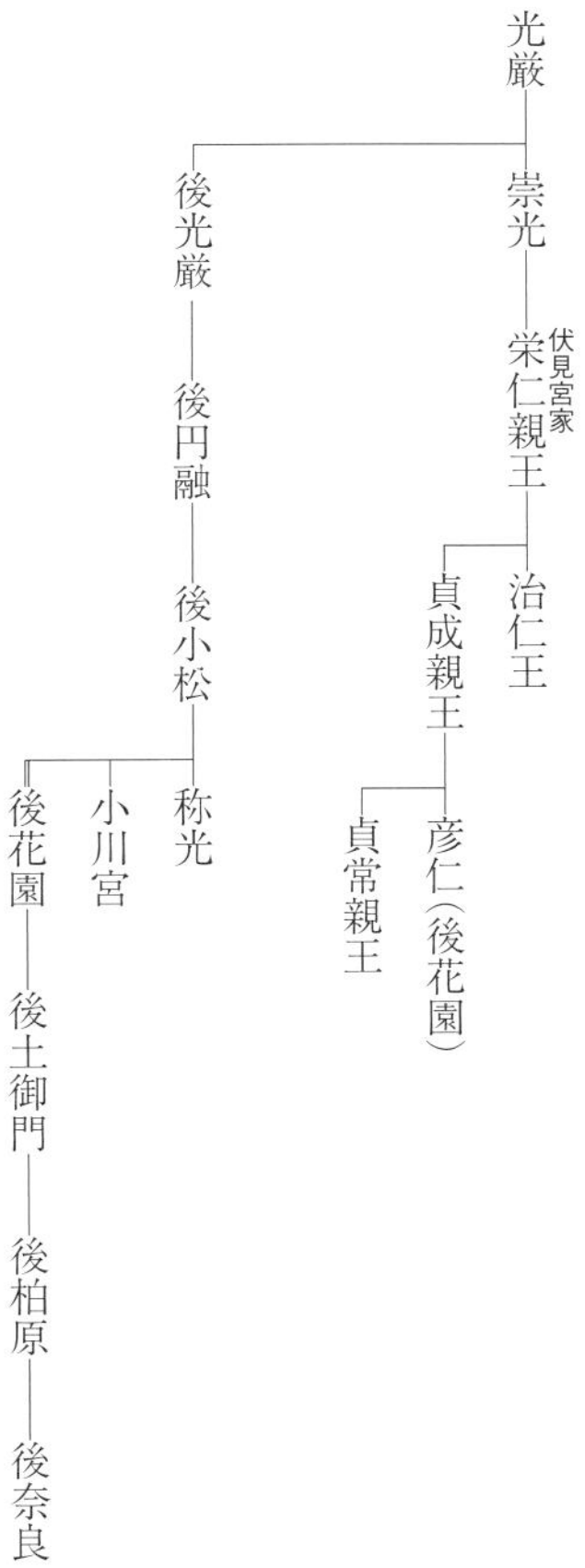

系図４　天皇家略系図（３）

永三十五年に後小松に先立ってしまう。後光厳流の血脈は、ここに途切れることとなった。

とはいえ、北朝天皇家を途絶えさせるわけにはいかない。残された後小松院は、将軍の義持と相談を重ね、崇光流の伏見宮貞成親王の子息であった彦仁《ひこひと》を後継者の座に据えることとした。もちろん、後小松の猶子とした上での継統で、建前上は、後光厳流内部による皇位継承であったが、血筋の上では、ついに崇光流が皇位に返り咲くこととなった。ここに、図らずも後光厳流と崇光流は一体化を果たす。これ以降の天皇家は「北朝天皇家」と称して問題はない。逆にいうと、それ以前においては、北朝天皇家を「後光厳流」と「崇光流」に区別する必要があるということである。

次に、後南朝のゆくえを確認しておこう。森茂暁氏によると、義持までの将軍は、後南朝の皇子に対して温情を持って対処していた。これは、皇位を北朝で独占するようになったことの代替措置だという。それが義教の治世となると、とくに永享年間（一四二九～一四四〇）中頃から急速に強硬姿勢に転じ、後南朝皇子の断絶策を推し進める。先に述べたように、政争のたびに名前こそ風聞されるものの、これ以降、南朝皇胤については事実上、無視できる存在となっていくという。ゆえに永享年間前後を境に、天皇家を考えるにあたって、南朝という要素を捨象することも許されるようになる。

さらに、彦仁が後花園《ごはなぞの》天皇として即位してからは、「後土御門《ごつちみかど》―後柏原《ごかしわばら》―後奈良《ごなら》」と第一皇子による単線的な皇位継承が実現しており、皇統の問題を意識する必要はほぼ消滅する。単に「天皇家」と表記すれば、それで問題ない状態が中世末まで続くのである。

皇統の分裂と「王家」

室町時代のある段階までは複数の皇統が並立しており、そのことに十分な注意を払わなければ当該期公武関係を解けないことは、義満期の公武関係に対する「崇光流からみれば敵対的だが、後光厳流皇統からみると敵対的とは言えない」という評価から一目瞭然であろう。とくに本書では、次章以降で義持期から義政期にかけての公武関係論、将軍家と天皇家の関係を論じていくが、少なくとも義持期と義教期については、右で見てきた皇統並立の問題に留意する必要がある。

まず、義持期については、少なくとも彦仁を後小松院の猶子として後光厳流に組み込むまでの時期においては、崇光流に対する後光厳流の優位を確立させるという課題があった。すでに義満期において、後光厳の跡をその子息である後円融が継承したことにより、実質的には、後光厳流こそ北朝の正統であることが確定していた。それをうけた義持の課題は、皇位を後小松の子息である称光へと確実に継承させることにあった。いわば、後光厳流の正統確定作業の総仕上げが、義持期の公武関係における最大の懸案事項だったのであり、必然的に義持の意識は、「父親である後小松から、子である称光への皇位継承」に絞られていたものと考えられる。

そこで、本書では「後小松上皇と称光天皇を主要構成員とする、（現代でいうところの）核家族」という意味で、後小松「王家《おうけ》」の語を用いたい。「王家」を、「父子を中心とした、（現代でいうところの）核家族」という概念を示す言葉として使用したいのである。というのも、くりかえしになるが、義持の意識がおそらく後小松と称光の父子に集中していたことをふまえたときに好都合であるのと、次代における義教期の天皇家の実態を分析するのにも好適だからである。

義教期については、後述するように後花園天皇の属性を「後小松の猶子」と位置付けるのか、「貞成の実子」を強調するのかで、公家社会が一時的にせよ、二分されるということがあった。その場合、それぞれの立場を「貞成と後花園により構成される伏見宮『王家』」と、「後小松と後花園により構成される後小松『王家』」と表現するのが最適だと思われる。ゆえに本書では、とくに義持期と義教期について、「父子を中心とした、（現代でいうところの）核家族」という意味で「王家」の語を多用することとなる。

ともあれ、室町時代の公武関係を考えるうえでは、複数の皇統の乱立という状況、とくに崇光流（伏見宮家）の存在をふまえて考える必要がある。そして、本部の内容をまとめるならば、少なくとも義満までの足利将軍（に準ずる存在）は、直義なら光厳院、義満なら後光厳流（あるいは後小松天皇）といったように、その時々に天皇を輩出していた皇統との良好な関係を意識的に構築していたということになる。そのような足利将軍家と北朝天皇家の関係は、次代の義持期と義教期に、いっそう顕著なものとなる。部を改めて、その実態を詳しく見ていきたい。

第二部　足利義持と北朝天皇家

第一章　後円融天皇を無力化した義満

後円融と義満の関係

前章では、天皇家に対する義満の行動が、「後光厳流」を一貫して支持するものであったことを、近年の研究成果を紐解きながら説明した。しかし、今谷氏が強調したような諸要素がまったく存在しなかったわけではない。一見すると、義満と天皇家が対立していたり、義満が天皇家を支配しようとしていたかのように現代人の目に映るような諸現象が、間違いなく発生していた。仮に、義満と北朝天皇家の関係が良好であったとすれば、今谷氏が「王権簒奪」と位置付けたような義満の行為は、どのように説明するべきだろうか。

まず、義満と後円融の関係が険悪であったことは事実と思われるので、その点を確認しておこう。そもそも後円融という天皇は、いろいろと政治家として問題のある人物だった。

二条良基の指導を受けた足利義満は、公家社会での存在感を順調に高めていった。公家として適切な教養を身につけ、官位的にも公家社会の指導者的な立場についた義満は、同時に、室町幕府の首班としての現実的な実力（強制力、経済力）も兼備していた。必然的に、立身なり経済的安定なりを求め、公卿たちはこぞって義満にすり寄るようになる。そのような状況を前に、後円融は自分だけ蚊帳の外にあるかのような孤立感にさいなまれるようになっていた。

後円融が心をこじらせているさなか、三条公忠《さんじょうきんただ》という公卿は、洛中（具体的には四条坊門《しじょうぼうもん》）の土地を獲得するために、推薦状を所望して義満から付与された。洛中の土地支配は、本来的に天皇の管轄であったから、公忠は義満の推薦状を携えて、後円融のもとへと参上する。公忠の請願を聞いた後円融は、なぜか激しく怒り始めた。どうやら、自らの専管事項であるはずにもかかわらず、義満の推薦状を添えてきたことが気に入らなかったらしい。後円融の人間性を示すのは、その激怒の表現方法である。後円融の室は公忠の娘の厳子《げんし》だったが、なんと後円融は、「仕方ないから今回の申請は許可するが、もう厳子には会わない」と言い放ったのだ。八つ当たりにもほどがあろう。

後円融にまつわる、このような事例は枚挙にいとまがない。例えば、子息後小松への皇位継承についても。当然、自分の息子への継承であるから、当初は後円融も乗り気であった。しかし、気付けば二条良基と義満に事実上の主導権が移っているという現実を目の当たりにすると、後円融はヘソを曲げ、即位関連儀礼をすべてサボタージュしてしまったのである。後円融は気に入らないことがあると、すぐに仕事を投げ出す傾向にあった。

後円融の問題行動は、皇位継承の翌年の永徳三年（一三八三）以降、エスカレートしていく。その最たるものは、出産を終えて後円融の仙洞御所に戻っていた厳子を打擲《ちょうちゃく》するという事件である。突然、夫で上皇の後円融に暴力を振るわれた厳子は、実家の三条家へと脱出し、後円融のもとには事を聞きつけた義満の使者として日野資康《すけやす》と広橋仲光《ひろはしなかみつ》が参院した。義満からの使者が来訪するや、後円融は自らが処罰されるのではないかとの被害妄想に陥り、資康らとの対面を拒否してしまう。そして、「持仏堂に籠もって切腹する」という、わけのわからない言葉を口走った。正常な判断力を失った後円融は、そのまま実母である広橋仲子のもとに逃げ込む。そして、後円融はこれ以降、上皇（治天の君）としての政務を完全に放棄するに至った。このような後円融のことを、桜井英治氏は、「マザコンで暴力夫」と表現し、静かな敗北感のなかで余生を過ごしたと述べる。

義満権力の最終形態

後小松の即位以降、政治生命を実質的に失った後円融と反比例するように、義満の公家社会での立場は、次なるステージへと突入していく。出家した晩年の義満は、現在の金閣寺をその一部とする北山の壮麗な別邸に居を移し、それにともない、義満の称号も居所にちなんで「北山殿《きたやまどの》」と呼ばれるようになった。研究者の間でも、将軍であり花の御所に居住し続けた子息の「室町殿《むろまちどの》」義持に対し、義満のことを、あるいは義満の地位のことを「北山殿」の呼びならわしている。

北山殿で政務をおこなうようになった義満は、それ以前からことごとく治天の君である後円融を棚上げにして、二条良基との連携のもと公家政治を主導していたが、後円融の政治的無化により、朝政に関する事実上の決定が、上皇ではなく義満に発するという事態が固定化する。そして、そのような権力のあり方に公家社会の人々が追従したことで、義満の権力形態は最終的な確立へと向かうこととなった。

それでは、義満権力の最終形態とはいかなる性格を持つものであったのか。それを端的に示すのが伝奏奉書《てんそうほうしょ》である。本来は治天の君（上皇あるいは天皇）の意を奉じることを専らとした伝奏奉書という文書を、義満は自らの意を下達する手段として用いた。義満は、自らの意志を、まるで上皇や天皇の意志であるかのような体裁で下達するようになったのである。そして、それと相前後して、日常的な行動規範についても上皇と区別されないものへと変化する。

前章でも述べたとおり、比叡山への出行の際の行粧や受戒の作法や、ほかの公卿との間の書札礼について、「御幸に准ず」「上皇に准じ奉る」「亀山法皇の御跡に模《なら》ふ」などと同時代史料で表現されるなど、天皇・院と並ぶ北山殿の格式が形成されていった。また、正室の日野康子に対して女院号が宣賜されたり（康子は後小松の准母とされた）、義満本人の死後に上皇追号の議が公家の側から諮られるなど、後小松の即位後は、政治的に失脚した後円融とは対照的に、出家後の義満が上皇化していくのである。

義満の上皇化は、古典的には天皇家や朝廷への圧迫行為と捉えられてきた。具体的には今谷氏によると、後小松天皇の准母となった日野康子が入内始《じゅだいはじめ》について、その行列が華美でものものしいものであったことをもって、義満が天皇の父となったことを町衆らに告知する一大示威行進であったとするとともに、上皇礼遇という非制度的演出を、法的に確認する仕上げの意味合いがあったとする。今谷氏の立場からすれば、義満の上皇化とは、皇位簒奪のための必要プロセスであったということになり、自らの上皇化に成功した義満にとって、最後に残された課題は、自分の男子（義嗣）に皇位継承させることのみであったとされる。

しかし、義満が伝奏奉書を意のままに活用し、上皇化していった事実に対しても、近年の研究は今谷氏とは異なる評価を与える。ここでも参考になるのは、家永遵嗣氏による業績である。家永氏は、義満の意を奉じる伝奏奉書の出現時期に注目し、それが後円融上皇の死没を契機としていることをつきとめた。そして、それは後光厳流を維持し、崇光流の巻き返しを抑制するという方針のもと、崇光上皇が治天の君として院政をしくことを阻止するところに、直接的な目的があったとする。崇光上皇が伝奏奉書を使用するようになると面倒なことになるので、自らで独占してしまったというのだ。従うべき見解であろう。

後小松の父親の役割を担った義満

義満の上皇待遇については、桜井英治氏の発言を確認しておこう。桜井氏によると、義満に対する上皇待遇は、後円融の逼塞により、義満が後小松の父親代わりとなったことを背景にしており、あくまで後小松天皇との関係に基づくものであったことを強調し、後小松を離れては一歩たりとも自立しえないと喝破した。義満に対する上皇待遇についても、伝奏奉書の出現と同じく、契機は後円融の死にあった。憚るべき相手が消滅したことで、義満は公然と後小松の父親役の座につき、そのことが義満の上皇待遇をもたらしたのである。義満の上皇待遇とは、後小松に対する事実上の父権の上に成り立っていた。後円融が後小松の父親としての役割を果たさないから、義満がその役割を肩代わりした。そして、実父の後円融が死んだことで、「後小松の父親の役割を担う存在」という義満の性格が、すっかり定着するに至った、それだけのことである。

伝奏奉書にしろ、上皇待遇にしろ、今谷氏により「天皇家や朝廷への圧迫」と位置付けられた義満の振る舞いは、近年の研究の進展により、後円融に代わって後小松上皇を後見するための方法論にすぎなかったことが明らかになった。本書の趣旨に照らして重要なのは、そのような義満の挙動とは、実は、直義以来のありかたの延長線上で理解できることである。

繰り返しになるが、直義は光厳上皇との昵懇関係を形成しており、当時の懸案事項だった崇光天皇の即位が実現するよう積極的に影響力を行使していた。また、義満の育ての親ともいえる細川頼之は、正平の一統の混乱により、対抗皇統となっていた崇光流を推す勢力を退け、後円融天皇即位の実現に尽力した。そして、義満は後円融の子である後小松の治世を父親代わりの立場から輔佐し、崇光流へは圧力をかけ続けたのである。義満と天皇家との関係は、直義以来のあり方と方向性は一致していることは明らかだろう。直義も義満も、現天皇家の治世が持続するよう尽力している点では同じなのである。

にもかかわらず、義満については特異性が強調されてきた。むろん、それには相応の理由がある。というのも、尊氏や直義、さらには義詮と違って、義満は公卿として朝政に直接的な関与をしたからである。義満は公家社会の構成員として振る舞うにあたり、出家以前は足利家を摂関家に準ずる家格として位置付け（後述）、出家後は上皇に準ずる立場で行動した。そのときどきの正統を護持するという直義以来の方針は踏襲しながらも、それ以前の足利将軍家家長とは、公家社会での立ち居振る舞いに大きな違いがあった。直義段階では、足利将軍家は公家社会（あるいは北朝天皇家）の大口スポンサーだったのに対し、義満の段階では、執行役員のような立場になったといえばわかりやすいだろうか。

いずれにしても、ここで強調しておきたいのは、北朝天皇家との関係性において、義満は、大枠について抜本的な変更を加えることなく、直義以来の方向性を次代の義持にバトンパスしたという事実である。後円融と険悪な関係にあったことは事実だが、先に述べたように、後円融はそもそも政治家としては難ばかりが目立つ人物であった。義満が後円融を排除したのは、後光厳流の後継者である後小松が即位した以上、問題児である後円融を無力化したほうが、後光厳流全体にとってはメリットが大きかったからであろう。

第二章　義持と「准摂関家」

見直しが進む義持の人物像

ここまで見てきたように、室町幕府草創期から義満期までの公武関係は、一貫した構図で把握することが可能である。それでは、義持期以降はどうであったか。本章の主題は、義持期における足利将軍家と北朝天皇家の関係を復元することにある。

義持が公武関係において義満までの方針を継承したか否か。一般的に義持は、父である義満に対しネガティブな印象を抱いており、義満没後は、それまでの政策を次々と改めていったとされている。例えば田中義成氏は、公家側から提案された義満への上皇号追贈を辞退したこと、義満期に開始された日明貿易を謝絶したりしたことなどをもって、義持は義満への私憤を晴らしたと述べた。義持は義満に悪感情を持っており、義満がおこなったことは善悪の判断なしに破壊したのであり、その背景には、晩年の義満が、長男である義持より庶子である義嗣を溺愛したことへの反発があるという。

そのような田中氏の視角は、戦後の佐藤進一氏にも引き継がれている。すなわち義持は、晩年の義満が精魂こめて作り上げた豪邸である北山第をいともたやすく廃棄し、三条坊門の旧邸に居を移すとともに、諸大名にも北山から洛中に帰居するよう誘導するなど、義持の初政には、義満時代のあり方を反故にするような施策が目立つとする。そして、派手で陽性な義満とは対照的に、義持のことを地味で沈潜型な人柄であったと述べる。田中氏も佐藤氏も、義満と義持を水と油の関係として捉えているのである。

しかし、近年に至り、そのような親子像は修正を余儀なくされている。例えば桜井英治氏は、義持が生前の義満と衝突したことを示す明確な事例は一例しかないことを指摘した。もちろん、「史料に残っている範囲」という、歴史学に宿命的な枠組での指摘であり、史料上に一例しか確認できないからといって、親子の衝突が一度しかなかったことには決してならないわけだが、仮にその何倍かの親子喧嘩の実例が存在していたとしても、通常の親子関係の範疇に入る頻度といえるだろう。

義持の存在を義満へのカウンターとしてしか位置付けない研究動向は、必然的に、義持期に大きな歴史的意義を見出さないことに結びつく。そのような義持期への低評価についても、近年、抜本的に見直しが進んでいる。義持を再評価する諸研究については、ある一つの共通性がある。それは、義持のことを「義満のありかたに取捨選択を加えた将軍」として位置付けている点である。そして、本書の趣旨からして、義持の取捨選択で重要なのは、義持は義満のいかなる立場を継承したのか（あるいは捨て去ったのか）という点である。

出家する以前の義満は、摂関家の作法に則ることで朝廷における行動を律していた。そういう意味では、義満出家前の足利将軍家は〝准摂関家〟ともいうべき家格を持つ家であった。それは、足利義満の公家化を指導したのが二条良基であったこととの影響でもあろう。良基が義満に公家社会における先例故実を叩き込もうとすれば、必然的に摂関家の先例故実に基づいたものとならざるをえない。また、良基は義満の指導力による公家社会の復興を期待したのだから、公家社会の指導者にふさわしい家格、すなわち摂関家の家格に義満を相当させることは、最も合理的だったのだろう。また、当時の中下級貴族は摂関家の家礼《けらい》となることで糊口を凌ぐという慣習があり、いわば摂関家は、中下級貴族にとって就職先でもあった。足利将軍家が摂関家に準ずるようになるということは、中下級貴族にとって就職先が一つ増えることとなる。諸手を挙げて歓迎というのが本音であっただろう。

義満が摂関家の作法に基づいて行動するようになる時期は、史料上、明瞭である。『満済准后日記《まんさいじゅごうにっき》』正長二年（一四二九）二月二十七日条に、義満生前を振り返った記事が残されている。永和四年（一三七八）に義満は右近衛大将に任じられたが、その任官拝賀にあたって、二条良基と会談を持った。その内容は、どのような作法で拝賀に臨むかということで、これを契機として、義満はすべてにつけて摂家の先例に准えるようになったと明記されているのである。

そのような義満は、出家後、後小松天皇の父親代わりとして振る舞い、故実上の位置付けは上皇相当となった。ここで押さえておくべきは、出家以前と以後で、義満の故実上の位置付けに変化があるという事実である。これを義持の視点から捉えなおすならば、義満の死後、新たに足利将軍家家長となった義持には、「足利将軍家は准摂関家なのか、あるいは当主が上皇に準ずる立場で行動する家なのか」についての取捨選択が迫られていたということである。

その答えは、義持の公家社会における行動をつぶさに観察すれば明らかになるだろう。公家社会における行動であるから、周囲の公家衆は、義持の行動について、その行動規範が摂関家の先例なのか、上皇に相当するものなのかをていねいに書き残しているはずだからである。そこで、次に皇位継承という朝廷最大の行事に付随する大嘗会《だいじょうえ》という儀礼から、義持の実態を復元していきたい。

義満・義持の大嘗会への関わり方

室町期の足利将軍家家長と公家社会との関係を比較考察するうえで好適な素材として、ここで取り上げたいのが大嘗会である。

まず、大嘗会とはなんぞや、というところから説明していくと、『国史大辞典』の「大嘗会」の項には、「天皇が即位したのち、最初に挙行する大規模な新嘗祭のこと。「おおにえのまつり」、また単に大嘗ともいい、即位儀とともに即位儀礼を構成する。近世以前には大嘗会ともよばれたが、これは節会に重きをおいた呼称である」と記される。また、『日本国語大辞典』では、「儀式は、受禅即位が七月以前ならばその年の、八月以後ならば翌年の、諒闇登極の場合は諒闇後の、一一月の下の卯の日より始まり、辰の日の悠紀節会、巳の日の主基節会、午の日の豊明節会にいたる四日間にわたって行なわれる。辰の日以後は諸臣と饗膳を共にする節会である」と説明される。

ちなみに、「節会《せちえ》」を『国史大辞典』で調べてみると、「朝廷で、節日その他の重要な公事のある日に、群臣を集めて賜わった公式の宴会。節会は元来正月一日・同七日・同十六日・三月三日・五月五日・七月七日・十一月新嘗会などの節日に行われる集会を意味した。このとき賜宴を伴うことが多かったところから、のちには特に酒饌を賜わることに限って節会と称するに至った」と記されている。

要するに、天皇即位にともなう、まさに〝一世一代〟の朝廷儀礼で、儀礼の中心は辰日《たつのひ》・巳日《みのひ》・豊明《とよあかり》と称された三日にわたる節会（オフィシャルの懇親会）にあった、ということである。本書では連日にわたる一連の行事の総称として「大嘗会」と呼ぶ。なお、一連の大嘗会諸儀礼のうち、最初におこなわれる大規模行事は「御禊行幸《ごけいぎょうこう》」である。御禊行幸についても、『日本国語大辞典』の説明が端的なので、「御禊行幸」の項を紹介しておくと、「天皇即位の後、大嘗会の前月（一〇月下旬）に、天皇が賀茂の河原などに出て、禊をする儀式。古くは文武百官、女御以下が車馬をつらね盛大であったが、江戸時代になってからは、御所の内で行なわれるようになった」と書かれている。

ともあれ、大嘗会とは、天皇の代替わりごとにおこなわれる行事である。そして、義満将軍期の永徳三年（一三八三）には後小松天皇が即位しており、義持将軍期の応永二十一年（一四一五）には称光天皇が即位している。つまり、義満も義持も大嘗会を経験しており、義持期の称光即位の応永度大嘗会については、時の関白であった一条経嗣が『大嘗会仮名記』という詳細な記録を残している。それ以外にも関連史料は豊富なので、義満と義持の公家社会における振る舞いを比較するのに好適であるといえよう。ここでは義持に視点を据えて、義満と比較をしていく。

所役をつとめる義満、つとめない義持

そもそも義持は、称光即位にともなう大嘗会（応永度大嘗会）に対し、どの程度関与したのであろうか。『大嘗会仮名記』における辰日節会（十一月二十二日）に関する記載には、「大嘗会がうまくいったのは、義持様が申沙汰《もうしざた》の忠功を果たしたからだ」と書かれている。また、伏見宮家の当主であった貞成親王も、『称光院大嘗会御記』という記録を残しており、そこには、「義持様は毎日参上し、何から何まで申沙汰された」と記されている。義持は、応永度大嘗会に対して積極的な関与を見せていたのである。

そのような慇懃な態度で大嘗会に協力した義持であったが、公家社会の目には少し物足りなく感じる部分もあったようだ。それは、義持が三日にわたる節会のどれにおいても、内弁《ないべん》を勤仕しなかったことである。内弁とは、「平安時代以降、即位・節会などの儀式のとき、承明門などの内で諸役をつかさどった公卿。」（『日本国語大辞典』「内弁」）であり、後小松即位の大嘗会（永徳度大嘗会）においては、義満が辰日節会の内弁をつとめている。義満といえば、『福照院関白記《ふくしょういんかんぱくき》』という二条満基《みつもと》による日記の応永十年十一月十五日条に、「生涯で十九回にもわたって内弁をつとめられた」「内弁の故実作法に関する「奥義」を極められていた」と記されているように、内弁勤仕に積極的な足利将軍家家長

であった。

公家社会の面々からすれば、当然、義持も内弁をつとめるものだとの想定もあったのだろう。『大嘗会仮名記』には、「義満様の先例があるにもかかわらず、義持様がつとめなかったことは残念だ」との一条経嗣の感想が漏らされている。

義持は、義満の先例に背いて大嘗会の内弁を勤仕しなかった。しかも、公家社会に失望の声があったことから、それは、義持本人の意志によるものであったといえる。

足利義持画像　東京大学史料編纂所蔵模本

義持は大嘗会に積極的に参加しながらも、義満とは異なる行動をとることもあった。それは、清暑堂御遊《せいしょどうぎょゆう》でも確認される。清暑堂御遊とは、清暑堂でおこなわれた御遊である。清暑堂は「平安京大内裏豊楽院内の殿舎。豊楽殿の北、不老門の南」に所在する建物であり、「古くは大嘗会・五節が行われた」（『日本国語大辞典』「清暑堂」）。御遊は、天皇臨席のもとおこなわれる管絃の演奏会、いわば公的なコンサートのこと。所作人（演奏者）は、内裏に堂上することが許された上級貴族が中心となる。
大嘗会において、清暑堂では清暑堂御神楽《みかぐら》と呼ばれる神楽が演舞されたが、その際に、堂上貴族たちによる御遊（清暑堂御遊）も併せて催された。清暑堂御遊は、雅楽を家業とする貴族たちにとって、人生に何度も経験できることのない晴れ舞台である。そのような場に、永徳度の義満は笙《しょう》の所作人として参加している。意外なことかもしれないが、実は足利家も含む河内源氏には、笙の所作人を輩出する伝統があり、笙の系図上に源頼義《よりよし》、義家《よしいえ》、足利尊氏などの名前を載せる。そのような家の伝統を背景として、義満も積極的に笙を学んでおり、御遊の所作人を一覧化した『御遊抄《ぎょゆうしょう》』という史料に、義満の名前を探すことはきわめて容易である。数々の御遊で笙を所作した義満は、一代の盛儀といえる清暑堂御遊でも笙を所作したのである。

一方で、義持が所作人として清暑堂御遊に参加することはなかった。それは『大嘗会仮名記』の記述に明確である。清暑堂御遊は、巳日節会が終了した後に催される。応永度大嘗会の様子を確認すると、巳日節会が一段落すると、参加者たちは席を移した。関白の一条経嗣は東の座につき、義持が西の座につくと勧盃が交わされたのだが、義持は勧盃が終わるとそのまま退出してしまう。御遊が開始されたのは、義持が退出した後のことである。義持は、そもそも清暑堂御遊の場にさえいなかった。

では、なぜ義持は清暑堂御遊に参加しなかったのだろうか。芸道的な要素もある笙の話なので、所作能力の問題が想定されそうだが、中世における楽器所作とは、いわば現代でいうところの接待ゴルフみたいなものである。権力者が参加したら、周囲は適当に持ち上げてくれた。あたかも「笙の上手」であるように演出することなど、当時の公家衆にとってお手の物であっただろう（極端な話、エアギター状態であっても絶賛されたものと思われる)。義持は、笙の所作人になれなかったのではなく、そもそもなろうとしなかったのである。

「准摂関家」の家格を選択する

節会の内弁、そして、清暑堂御遊の所作人。この二つには、義満は勤仕しながらも義持は勤仕しなかった、という共通点がある。では、なぜ義持はこの二つの所役を勤仕しなかったのであろうか。節会の内弁と清暑堂御遊の所作人には、なにか通底する要素があるのだろうか。

まず、内弁について考えてみよう。端的に述べると、内弁は節会に参加する公家衆の代表者的役割である。ゆえに、原則として一《いち》の上《かみ》がつとめた。「一の上」とは最上首の大臣であり、通常は左大臣で、在任者がいるときは太政大臣が担った。しかし、例外規定もあり、それは、一の上が現任の摂関である場合は、「位次の人」、すなわち右大臣などに与奪されたのである。必然的に、現任摂関が一の上の所役である内弁をつとめることはない。

次いで、御遊所作人について見てみよう。一世一代の盛儀だけあって、清暑堂御遊にあたってはリハーサル(「拍子合《ひょうしあわせ》」)が何度かおこなわれた。なかでも重要視されていたのは、仙洞御所(上皇御所)でおこなわれた拍子合と、摂関邸での拍子合である。そのとき摂関邸の亭主、つまり現任摂関は、清暑堂御遊所作人の出来をチェックする役割があった。ゆえに現任摂関は、楽器を所作する側にまわることはなかったのである。

もはや明らかであろうが、大嘗会節会の内弁と清暑堂御遊の所作人という二つの所役に共通するのは、「現任摂関は勤仕しない」という点である（現任摂関以外の摂関家構成員は、とくに問題なく勤仕している）。筆者はかつて、中世における両所役の従事者を記録上確認される限りで調べたことがある。それでわかったのは、両所役とも現任摂関で勤仕したのは、院政期に摂関家当主であった藤原忠実《ただざね》一人しかいないという事実である。忠実が摂関職に就いていた当時の摂関家は、白河《しらかわ》・鳥羽《とば》上皇との権力闘争や摂関家内部における分裂などの事態に見舞われており、再権威化するための試行錯誤に迫られていた。忠実が例外的に両所役を勤仕したのも、その一環であろう。

いずれにせよ、大嘗会節会の内弁と清暑堂御遊の所作人は、現任摂関が原則的に勤仕しない所役であった。そして義持は、義満の先例にもかかわらず、二つの所役の勤仕を拒否したのである。ならば、義持は自らを現任摂関に準じさせようとしていた（足利将軍家を摂関家に準じさせようとしていた）とは考えられないだろうか。しかも、それまでの漠然と「摂関家に類する」とされていた足利将軍家の家格を、厳密に足利将軍家を「当主が現任摂関に相当する家格」へと深化させたとはいえまいか。

大嘗会を見る限り、義満が残した「准摂関家」と「当主が上皇に準ずる立場で行動する家」という二つの要素のうち、義持は前者を選択し、後者を放棄したといえそうである。

義持は五摂家の立場を脅かしたのか

さて、大嘗会に関する限り、義持は足利将軍家を准摂関家（当主が現任摂関家の故実に則り行動する家）として厳密に位置付けたことが明らかになったが、そのように考えたとき、一つの疑問が思い浮かぶ。それは、足利将軍家が実質的に摂関家のような家格を獲得した場合、それが既存の五摂家の立場を脅かしたり、摂関職を奪い去ってしまうようなことにはならなかったのだろうか、という疑問である。

右の疑問を考える素材として、後小松上皇の晴御幸始を取り上げたい。天皇の外出を「行幸」と呼ぶのに対し、上皇や法皇あるいは女院など、天皇に準ずるような立場の人々による外出を「御幸」という。「御幸始」とは、その年初めての御幸のことである。現代でいうところの「書き初め」くらいの感覚であるが、年始だけでなく、ある上皇などが、上皇になって初めて挙行する御幸のことも、やはり「御幸始」と称した。また、上皇の御幸にはオフィシャルな性格をより強く帯びた「晴御幸」と、よりプライベートな要素の濃い「褻御幸」の二種類があった。後小松上皇は、応永十九年九月二十七日に、天皇退位後初めての晴御幸に出かけた。

そのときの義持の行動を眺めてみよう。この日、義持は院参すると「御馬御覧儀」に参加し、後小松の簀子下《すのこした》に候じた。一方、時の関白一条経嗣は、この晴御幸に遅参したので、公卿座に列したものの御前には候じなかった。「御馬御覧儀」が終了すると、義持は後小松に従って常御所《つねのごしょ》へと移動する。「御馬御覧儀」によって、その日に使用する馬の確認がおこなわれたので、いよいよ出発の準備が整っ

後小松天皇画像　京都市・雲龍院蔵

たのである。

出発に先立ち、まず後小松が姿を現す。その際、義持は御車の簾をかかげた。そして、いざ出発という段になると、義持は後小松の御裾に祗候する。さらに、路次行列では御車の御前に位置して、ここでも後小松の御簾をかかげている。やがて行列が無事に目的地に達すると、再び義持は遅参の経嗣に代わって御簾役をつとめた。そのまま義持は後小松の御前で一献に候じ、還御の際にも後小松に供奉するとともに、還御後には再び酒宴に参加した。

後小松の晴御幸始において、一貫して「御簾役」や「御裾役」に従事していた義持の様子が確認できたものと思う。御簾役とは、天皇や上皇が所在する空間である簾中の出入り口を開閉する役割であり、「御裾役」は文字通り、天皇の裾を持つ役割である。結婚式で花嫁がウエディングドレスの裾を持ってもらっている光景を想起されたい。どちらも天皇や上皇に側近く仕える人物の典型的な役割である。

そして「天皇や上皇に側近く仕える人物」とは、現任摂関にほかならない。このときの現任摂関は一条経嗣であったが、経嗣はこの晴御幸始に遅参していた。そこで、本来なら経嗣が勤仕するはずだった現任摂関の役割を義持が代行したのである。義持が准現任摂関として行動したのは、大嘗会に限ったことでなかったことを端的に示していよう。

　ここで補足しておかなければならないのは、経嗣は集合時間にこそ遅刻したものの、行事そのものには間に合っていたという事実である。にもかかわらず代行の役割を果たし続けたところに、義持の強い意志が感じられる。それとともに、合流してからの経嗣が、儀礼中にまったく御簾役を勤仕しなかったわけでなく、義持が経嗣に御簾役なり御裾役なりを譲る場面も確認できることを付言しておきたい。この点は重要である。というのも、どうも義持には、経嗣という現任摂関の存在を完全に排除しようとする意志がなかったと思しいからである。

現任摂関との並立を目指す

　義持の経嗣に対する態度は、大嘗会の一環として催行された御禊行幸に顕著である。すでに説明したように、御禊行幸とは、新天皇が禊のために賀茂河原に赴く行幸である。賀茂河原における天皇の居所を頓宮《とんぐう》といい、頓宮は、大きく「御禊幄」と「御膳幄」の二つのスペースにより構成されていた。そのうちの御膳幄に称光新天皇が到着したときの様子を見てみると、関白一条経嗣は「東の廂の北の座」に着いている。一方の義持は、永徳度大嘗会における義満の先例に則り、「東の廂の南の座」に座した。経嗣と義持が、同じ東廂の南北に着座していることを確認しておきたい。その後、称光天皇は御膳幄から御禊幄に移動するが、その際、経嗣は称光の御輿の左に、義持は右に祗候した。ここでも、経嗣と義持が一対となるような位置にあった。このように、御禊行幸において准現任摂関の義持と現任摂関の経嗣は、一対の存在として振る舞うことがあった。

さらに、もう少し両者の関係を考えるために、御膳幄にて御禊の準備をしていたときの様子を観察してみよう。この場面では、五位の蔵人《くろうど》が関白と義持の両者に御祓物を据えている。「祓物」は、辞書上「祓具」として立項されており、祓のための道具で、大麻・小麻・塩湯・切麻・形代・解縄・木綿・布・茅輪などを指したという（『国史大辞典』）。その祓物を、五位蔵人にあった同一人物が義持と経嗣に据えたということは、両者が一体の存在として扱われていたことの証左である。

准現任摂関の義持は、現任摂関の一条経嗣と、あるときは一対となり、またあるときは一体となっていたのである。ここからわかることは、義持は現任摂関とあくまで並び立つ存在であって、現任摂関の経嗣を排除するようなことはなかったということである。義持は経嗣と並立しようとしていたのであり、そのために相応の工夫もしていた。

つぎに、御禊行幸の行列の位置を検討してみよう。義持は行幸行列に際して、御輿の後ろ、近衛の五人の末に位置していた。義持がこの位置に列した理由を、『大嘗会仮名記』は「摂政・関白が騎馬で参列する場合には必ずこの所である。それゆえ、義持には左右の陣に列すよう宣下された」とする。義持は、御禊行幸で摂関が騎馬で参加するときの規定に従っていたのである。ここで留意すべきは、

「摂政・関白が騎馬で参列する場合」とわざわざ書かれている点である。裏返すと、「騎馬で参列する」以外の場合もあったということである。

　鎌倉時代の事例だが、『後伏見天皇御記《ごふしみてんのうぎょき》』の延慶二年（一三〇九）十月十五日条には、後伏見天皇即位に際する御禊行幸について記されている。そこでは、現任摂関の鷹司冬平《たかつかさふゆひら》が行列に参列するにあたって、「本来は唐庇車《からひさしぐるま》なのですが、伏見上皇と差し合ってしまいます。そういうときは騎馬するのが先例ではありますが、それについても少し思うところがあります」としたうえで、「正応度における二条師忠《もろただ》の先例もあるので、檳榔毛《びんろうげ》の車を用いて、裏道を通り、参会（現地集合）しようと考えております」と後伏見天皇に報告した。冬平が騎馬に難色を示したのは、騎馬で摂関が供奉した事例が、建暦度（一二一二）の近衛家実《いえざね》の先例まで遡らないと存在しないことによるのであろう。

　この史料からは、現任摂関が御禊行幸に供奉するときは、基本的には唐庇の車（最上級の牛車《ぎっしゃ》）を用いたが、上皇などが唐庇の車を用いて見物に出かけることがあると、それを憚って、日常使いの牛車である檳榔毛の車を使う習慣があったことがわかる。現代風にいえば、本来はリムジンだが、ほかにリムジンを使う人がいる場合は遠慮して日常使いの国産車を用いる、といったところである。しかし、日常使いの国産車で表舞台に登場するわけにはいかないから、人目を避けて現地まで行き、車を降りてから合流するという措置がとられたようだ。

　そして、冬平のセリフからは、現任摂関が御禊行幸に参列する方法がもう一つあったことも読み取れる。それこそ、応永度に義持が採用した騎馬という方法である。しかし、騎馬での参列は一〇〇年以上例のない、もはや非現実的な選択肢であった。にもかかわらず、なぜ義持は騎馬という方法を採ったのか。それは、それ以外の選択肢がなかったからである。

すなわち、応永度の実態を振り返ってみると、御禊行幸に際しては、愛息の晴れ舞台をまぶたに焼き付けるべく、後小松上皇が唐庇の車を用いて見物に出かけていたのである。となると、経嗣としては後小松と同格の振る舞いをするわけにはいかないので、檳榔毛の車で現地集合することにした。ゆえに消去法の結果、義持に残された選択肢は騎馬しかなかったのである。

しかし、事実上は過去の産物と化していた古例を引っ張り出してくるというのは、いくら武家の生まれである義持にとって馬に乗ることがお手の物だったとはいえ、いかにも不自然である。それでも義持が騎馬を選んだのは、現任摂関の一条経嗣と両立するということが大前提にあったからであろう。義持には経嗣を排除する意志は毛頭なかった。ゆえに、義持は騎馬にて御禊行幸に参列したのである。准現任摂関の義持は、既存の現任摂関と両立できるよう工夫を重ねており、五摂家を排除するようなことはなかったといえるだろう。

義満の先例には頓着せず

義持にとっての行動基準は、現任摂関を排除せずに、自らも現任摂関に准じさせることにあった。

先行研究では、義持の行動基準は義満の否定にあるとされていたが、どうも義持は父義満の先例を守ったり、破棄したりすることそれ自体には、さほど頓着していなかったように思われる。

例えば、大嘗会が無事に全日程を終えて、称光天皇が土御門御所《つちみかど》（普段の居所）に帰るときには、一条経嗣が不参し、義持がその代役をつとめている。すでに述べてきたように、経嗣の不参と義持の代行というのは、一つのパターンであった（どうしても義持の行動が現任摂関の存在と抵触するケースでは、「あくまで欠席したことによる代行である」という体裁がとられたのであろう）。ただ、これには先例があった。それは永徳度である。永徳度大嘗会では、現任摂関の二条良基が老体の疲労により還御《かんぎょ》にまでは付き従わず、代わりに義満が祗候していた。つまり、還御行列への供奉という行動においては、義持は義満の先例をそのまま採用したのであり、義持には必ずしも義満の先例を排除しようとする意志があったわけではなかった。

同様の事例は、御禊行幸前の太政官《だじょうかん》行幸（居所である土御門御所から、行列のスタート地点である太政官に移動する行幸）でも確認される。ここでも義満は、老体の二条良基の役割を代行しており、義持も不参の経嗣の役割を代行した。『大嘗会仮名記』には、「結果的に義満の先例に適うこととなった」と記されているが、実態としては重々承知のうえでの行動選択であっただろう。

これらの考察から明らかになるのは、義持の関心事が「義満になぞらえること」や「摂関の座を摂関家から奪うこと」ではなく、「必要に応じて現任摂関の役割を果たすこと」にあったということである。義持は、義満の先例そのものには無関心であった。また、「義満の先例とは違う」として、公家衆が当惑を明記している事例は、案外に少ない。おそらく行動基調としては、義満のそれを継承していたのではあるまいか。

ただ、義持にとって不要なものについては自ずから捨てられることとなった。義持は自らを准現任摂関として位置付けており、その方針にそぐうものは継承し、そうでないものは自動的に捨象されていったのである。義満は、最終的に上皇のような立場で行動したが、それに対して義持は、上皇のような立場を破棄して、摂関家に準じるという出家以前の義満が採用していた方針を強化したといえるだろう。

しかし、義持にとって重要なのは、摂関職を摂関家から奪うことではなく、自らを現任摂関に準じさせることにあった。義持にとって必要なのは、現任摂関に位置付けること、その一点にあった。では、なぜ義持は自らを現任摂関に位置付ける必要があったのだろうか。それは、義持が現任摂関でなければ担えない役割を果たす立場にあったからであろう。では、現任摂関でなければ担えない役割とは何か。これについては多言を要すまい。「天皇家の輔弼《ほひつ》」という役割である。大嘗会において現任摂関に準じる立場で行動した義持の取捨選択からは、義持が自らを天皇家の輔弼役を自認していたのではないか、との仮説が成り立つ。そこで次に、義持と天皇家との関係の実態に迫りたい。

諸事にわたり後小松を補弼する義持

繰り返しになるが、朝儀における足利義持の行動を観察すると、どうやら義持は自らを現任摂関に準ずる立場に位置付けていたようであり、となれば、公武関係に対する義持の基本態度は、「天皇の補弼」にあったのではないかとの想定が可能になる。この点を確認するために、称光天皇の父親で義持と同世代である後小松上皇との関係を検討してみよう。そもそも、後小松と義持とは仲が良かったのだろうか。

あまり知られていないことだが、義持は上皇となった後小松の院庁《いんのちょう》において、院執事《いんしつじ》という役職に就いている。院庁とは、太上天皇（上皇）または女院に付属する院務処理機関で、別当《べっとう》以下の院司《いんじ》がその職員であった。院司は院中の庶務を統轄処理していたが、その筆頭者を「別当」といい、「別当」以外にも「執事」「執権《しっけん》」「年預《ねんよ》」などと呼ばれることもあった。義持期の史料では「院執事」との表記が目立つ。これとは別に、鎌倉期には「院執権」と呼ばれる職位も成立し、この時期の院庁は院執事と院執権の両者を中心に運営されていた。そのうちの院執事に義持は就任したのである。

しかも、特筆すべきは、就任直後に拝賀を遂げていることである。拝賀とは就任への謝意を表する儀礼的手続きで、拝賀を遂げてはじめて職務に従事することが可能になる。義持は内大臣になったとき、二年近く拝賀を先延ばしにした。義持は内大臣としての職務にほとんど従事しなかったので、必要がなかったのである（それでも拝賀が必要になった理由は後述する）。しかし、院執事については、就任直後に拝賀を遂げている。つまり、義持は院執事の実務従事に積極的だったということになる。

後小松の院庁始は応永十九年の九月十四日だったが、義持は同月二十六日に拝賀を遂げ、二十七日の御幸始には院執事として供奉している。その後は、徐々に記録上、「執事」といった表現は見られなくなるが、応永二十九年の石清水八幡宮御幸において、後小松の御簾役などを勤仕していることに明らかなように、実態として院執事の役割を果たし続けた。既成事実を積み重ねた結果、院執事の肩書きの有無など問題視されなくなったから、わざわざ名乗ることがなくなったということなのだろう。義持は院執事の肩書きの有無にかかわらず、日常的に後小松院政を支えていたのである。

院執事としての役割に限らず、義持は実に多くの場面で後小松のことを支えている。目立つのは、「申沙汰」事例である。申沙汰とは、用例によって変幻自在な意味を帯びる言葉だが、この場合、「公事の執行を裏方を含むさまざまなかたちで支え、実現させる」といった感じの意味合いで、正式な肩書きによる職掌勤仕ではない部分からの、建前上は非公式な尽力一般を指す。

例えば、応永二十一年の称光天皇即位儀において、義持は内弁を今出川《いまでがわ》公行《きんゆき》から九条《くじょう》満教《みつのり》に変更させるなど、種々の指示を出している。そもそも、儀礼の執行そのものが北朝天皇家家長の後小松上皇から義持に催促されており、称光の即位儀は義持の積極的な協力によって執り行われたといって過言ではない。しかし、儀礼の正式な参加者リストである「散状《さんじょう》」に義持の名前はない。つまり義持は、即位儀のオフィシャルメンバーではなかったのであり、専ら申沙汰としての関与だったわけである。

ほかにも、義持がまだ内大臣就任中だった応永二十一年に催された仙洞舞御覧（後小松の上皇御所における舞楽の会）を申沙汰した事例など、枚挙にいとまがない。そして、内大臣を辞任し、現任の公卿から退くと、義持の朝儀への関与は、専ら申沙汰という形態となっていく。具体例としては、応永二十七年八月三日の嵯峨御幸や、応永三十一年六月九日の仙洞観音懺法《かんのんせんぼう》などが挙げられる。前者は『看聞日記《かんもんにっき》』、後者は『満済准后日記』のそれぞれ同日条において、義持の関与のあり方が「申沙汰」として表記されている。

仙洞観音懺法からしばらくして、義持は出家する。当時の慣行からすれば、現任の公卿か否かは、朝儀の表舞台に正規参加者として参加する義務を帯びるか否かくらいの差しかなく、決して引退を意味するわけではない。現在でいえば、社長から会長になるようなものであり、変化といえば、参加しなければならない会議の数が減るくらいのもので、引き続き組織の運営に大きな影響力を行使していくことが多い。内大臣を辞任した後の義持の立場とはそのようなものであったのだが、義持はさらに出家をすることで、もう一段階、現場から距離のある立場に身を置いた。とはいえ、これも決して引退宣言といった性格のものではない。会長職も退きつつ、大株主としての地位はそのままに相談役となるようなイメージで捉えればよい。実際に義持は、出家後も相変わらず申沙汰として旺盛に朝儀に関与し、後小松上皇を支えた（応永三十一年十月二十九日の相国寺御幸など）。

義持による後小松輔弼行動は、なにも朝儀など、公的性格の強い諸事に限るものではなかった。わかりやすい事例を挙げると、応永二十九年の十一月、義持は伊勢神宮に参詣した。目的は、当時体調を崩しがちだった称光天皇の病気平癒を願うためであった。そして、それは義持本人の発願ではなく、「仙洞御代官」、すなわち後小松上皇の代理としてであった。もう一つ事例を挙げよう。応永二十七年に、後小松上皇が夢のお告げで七仏薬師法《しちぶつやくしほう》という仏事の挙行を思いついた。となると、当然、費用が必要となる。そこで後小松は、「鳥取弁上村御年貢」の用脚収納を義持に要請している。皇室領への臨時課税と収納を義持に丸投げしたのである。

このように、義持は諸事にわたって後小松を輔佐していたが、なかでも象徴的なのは院御所の造営である。称光天皇の大嘗会が済んだ翌応永二十三年、後小松の院御所（仙洞御所）が設営される運びとなった。その際、義持は後小松に対して、「後円融上皇の先例に従い、院御所として小河邸を用いてください」と提案した。小河（川）邸とは勧修寺経興《かじゅうじつねおき》の邸宅であり、義持の言葉にあるように、後円融上皇が居住した先例もあった。しかし、何を思ったか後小松は、「いやだ。だったら三宝院がよい」と義持の提案を突っぱねてしまう。

当時の貴族にとって、後小松の本音は容易に推測されるものだった。どうやら、後小松は院御所を新築してもらえるものと思っていたのに、小川邸のリフォームで済まされるような提案を受け、拗ねてしまったらしい。思い通りにならず拗ねてしまったのだから、もはやその振る舞いはダダっ子のそれと変わらない。このあたりは後円融の遺伝子を色濃く継承している。義持は当惑しつつも、「いずれ新築するので、まずは段階を追うことにしましょう。三宝院だと護摩行《ごまぎょう》などの関係で魚食に差し障りが出てしまいます」と説得にかかった。三宝院は醍醐寺の院家《いんげ》なので、殺生禁断のしばりがかかる。そうすると、上皇の日常的な食生活もままならない。後小松はそれを見越して無理難題を言い出したのだろう。それもこれも、院御所を新築してほしかったからである。ゆえに、義持から「いずれ新築します」との確約をえられれば十分で、「であるなら、小川邸で苦しくない」と返答した。ご満悦となった後小松の笑顔が目に浮かぶ。

もちろん、当時の北朝天皇家に院御所を新築する経済力などない。実務から経済負担から、すべて義持が肩代わりするのである。院執事として、あるいは申沙汰として、はたまたそれ以外のさまざまな場面で、義持は一から十まですべてにおいて、積極的に後小松を輔弼していたといえるだろう。

このあたりを見ていると、後小松もあまり聡明な人物ではなかったように思われてくるが、一方で「甘え上手」という絶対的な長所があった。義持も、そのような後小松の甘え上手っぷりにはお手上げだったらしい。もっとも、当然のことながら、義持が後小松を全面的に輔弼したのは、単に後小松という上皇との人間的相性だけによるものではない。次に、称光天皇との関係についても確認していこう。

称光天皇と義持の関係

ここまで、義持は後小松上皇を積極的に輔弼していたことを明らかにしてきた。それでは、その子で天皇の称光に対してはどうだったのだろうか。仮に義持が後小松上皇と同じように称光天皇にも接していたとすれば、その補弼行為は後小松との個人的関係ではなく、「将軍家と天皇家の関係」として一般化できることになる。

称光天皇は、応永八年（一四〇一）に後小松天皇の第一皇子として生まれ、応永十九年に即位した。病弱だったらしく、在世中は幾度となく危篤状態に陥り、父後小松に先立ってこの世を去る。健全さを欠いたのは肉体的な面だけでなく、精神的にも不安定な部分があった。弟の小川宮も同じく心身ともに頑健でなく、やはり早世しているので、「そのような星の下に生まれた」としかいえない要素があったのかもしれない。

称光に関する有名なエピソードとしては、生来の武芸好きで、近臣や女官を打擲したり、弓で射たりという天皇らしからぬ行動を繰り返したことや、自らの妻室である新内侍《しんないし》が懐妊したときに、それを認知せず、密通を疑ったところ、実際に犯人が発覚し、妻を寝取られたことが周知されてしまったことなどが挙げられる。ほかにも、冴えないエピソードはいくらでもあり、少なからず人間性に問題を抱える人物であったことは間違いなさそうだ。

そんなトラブルメーカー的な称光に対し、義持はどのように接したのだろうか。称光天皇は、即位する直前の応永十八年に元服を遂げる。その際、加冠役《かかん》をつとめたのが義持だった。元服については今さら説明する必要もないだろうが、現代でいうところの成人式のようなものである（十五歳くらいで遂げることが多いが、称光のように、外的要因などにより十歳前後で遂げることもあった）。天皇など貴賓の元服儀には、加冠・理髪《りはつ》・能冠《のうかん》の三つの所役があり、そのなかでも加冠は最も重要な役割とされていた。「烏帽子親《えぼしおや》」という言葉があるように、元服儀礼で冠をかぶせる行為は、その人物が後見役にあることを視覚化する意味合いもあった。当然、後見役にふさわしい立場にある人物が従事することとなる。

称光は即位する直前、つまり皇太子時代に元服儀を経験したのであるが、例えば鎌倉後期、そのときは東宮であった亀山が元服したときには、西園寺（洞院）実雄《さねお》が加冠役をつとめている。当時、西園寺実雄は右大臣であり、東宮傅《ふ》も兼ねていた。ほかの事例なども参照すると、皇太子の元服儀で加冠役に従事するのは、皇太子の教育長ともいえる東宮傅を兼ねた大臣であったらしい。義持は内大臣の地位にあったものの、東宮傅に正式に就任したわけではない。しかし、それに準じる立場にあることは自他ともに認めるところであったということなのだろう。

また、義持が内大臣に任官してから長らく拝賀を遂げなかったことはすでに述べた。その義持がついに拝賀を遂げることとなったきっかけは、称光の元服である。義持は称光元服儀の当日朝に拝賀を遂げた。元服儀礼で加冠役という正式な役割に従事するためには、名実備えた内大臣である必要があり、そのための必要手続きとして拝賀を挙行したのである。つまり、義持が称光元服儀で加冠役をつとめたのは、偶然そうなったといったようなものではなく、明確な意志に基づいていたのである。主体的に元服儀で加冠役をつとめようとしていることからわかるように、義持は称光の後見役、すなわち東宮傅を自認し、その役割を担っていたといえよう。

称光との関係で義持が実質的に担ったのは、東宮傅の役割だけでない。応永二十一年の年末、称光天皇は後小松上皇のもとに方違《かたたがえ》行幸に出かけることとなった。その際、関白の一条経嗣が不参したことにより、義持が御裾役を代行した。後小松との関係と同じように、称光との関係においても、義持は准現任摂関として振る舞っていたといえる。

注目すべきは、この頃はまだ義持が准現任摂関として振る舞うことが馴染みの風景となっていなかったらしく、伏見宮貞成親王は「代行は蔵人頭の役割のはずだが……」との呟きを日記に書き残していることである。というのも、同じような感想を抱いたのは、なにも貞成一人だけではなかったからである。応永二十六年に称光天皇が後小松上皇のもとへ朝覲《ちょうきん》行幸したときの事例を見てみよう。朝覲行幸とは、天皇が親である上皇などのもとへ訪問し拝謁する行幸である。子が親への敬意を表現する、儒教的性格を帯びた儀礼であるが、この際にも不参の関白になりかわって義持が御裾役と御草鞋《わらじ》役をつとめている。その様子を目の当たりにした中山定親《なかやまさだちか》という貴族は、「これらの所役は蔵人頭の役割であるはずなのに、内大臣である義持が担っているというのはどういうことなのか」と不審を抱いている。どうやら、御裾役など関白の役割を代行するのは蔵人頭の仕事だったようである。ゆえに、一条経嗣を代行する義持は、准現任摂関であるとともに、見方によっては蔵人頭の役割を担っていたともいえるのである。

ここまで、義持は称光天皇との関係において、関白、蔵人、東宮傅という三つの役割を担っていたことを述べてきた。これら三つの役割の共通点とは何か。関白とは天皇に代わって万機をとりおこなう役割である、また、蔵人とは天皇に近侍し、内裏内部における諸事を処理することを職掌とする。そして東宮傅は、天皇（元東宮）の教育長ともいえる存在であった。すべてに共通するのは、天皇に近侍して日常的にサポートする役割である、という性質である。

ちなみに、内大臣という公的官職については、加冠勤仕のための手段としてしか活用していない。ゆえに義持は、内大臣という官職にはさほど重きを置いていない。義持が主体的に準じた公的な立場は現任摂関、蔵人頭、東宮傅であり、それらはすべて天皇の輔弼役ともいえる立場だったといえる。

右のような義持の基本スタンスは、後小松から称光への譲位儀に象徴的である。応永十九年、後小松は慣れ親しんだ内裏を離れることとなった。新たな家主（＝天皇）として称光を迎えるためである。その譲位儀は、もちろん、朝廷の最重要儀礼の一つなので、関白一条経嗣をはじめとする錚々たる重鎮公卿が顔を揃えた。ところが意外なことに、参加者リストである散状に義持の名前は載っていないので、義持は儀礼そのものの公的参加者ではなかった。

しかし、義持が譲位儀にまったくノータッチであったかというと、決してそんなことはない。後小松がいよいよ内裏を退去するにあたって、仮の御所となる東洞院殿（＝日野資教《すけのり》邸）まで最後の行幸に赴く行列に、義持はしっかりと供奉している。そして翌日、新亭主たる称光が内裏へと渡御した。その場面において、義持は称光の牛車に同車までしているのである。皇位継承の、まさに始終を見守り、新帝称光の登極を後見していたといえるだろう。

散状に名を載せていないなど、義持は儀礼の表舞台に立つことをさほど重視していなかった。それは、内大臣という肩書きを前面に押し出した行動が少なかったことと通底する。しかし、天皇家や朝廷に対し、決してノータッチだったわけではなく、義持は輔弼役（後見人）として、問題の多い称光天皇を公私にわたってサポートしていた。義持は、同世代の後小松上皇だけでなく、後小松子息の称光天皇も同時に輔弼していたのであり、義持のサポート対象は、後小松と称光天皇の核家族により構成される後小松「王家」であったといえるだろう。後小松や称光との個人的相性とは無関係に、義持には後小松「王家」を扶助する必要があったのである。それでは、義持が後小松・称光親子をサポートした直接的な目的は何だったのか。それが次の課題である。

第三章　北朝天皇家と「王家」の執事

義持はなぜ後小松・称光を補弼したのか

将軍が天皇家のサポートをしていた、という事実自体は、実は戦前から、なんとなく認知されている部分もあった。しかし戦前の研究では、それらの行為はすべて、その将軍個人が「勤王家」であるか否かに収斂されてしまうものであった（それは当時の研究者個人の資質の問題ではなく、時代の趨勢のなかで学問を守るためにおこなった精一杯の〝偽装〟だっただろう）。幸い、特定の人物と天皇家との関係を分析するにあたって、「勤王家」というフィルターを通さなくてもよくなった現在、われわれはそれ以外の視点から、将軍家が天皇家を輔弼した理由について究明することができる。

後小松上皇の仙洞御所造成にあたって、義持と後小松の間に一悶着があったことは先に述べた。その後小松院御所は応永二十三年（一四一六）より断続的に造営が続けられ、応永二十九年には泉殿《いずみどの》を造営することとなる。泉殿とは貴人の邸宅で、泉水に臨んで築造された建造物のことで、主に遊興などで用いられた。簡単にいうと、レクリエーション用の風雅な離れである。その泉殿御作事始儀において、またも義持を困らせるようなことを、後小松が言い出した。

事の発端は、義持が泉殿御作事始儀の奉行として日野資教を推挙したことにあった。それに対して、どういうわけだか後小松が難色を示したのである。後小松の言い分とは、「日野資教は年齢的に六〇代も後半にさしかかっており、なにかと不安がある。そこで広橋兼宣《かねのぶ》を起用したい」というものであった。

しかし義持は、「兼宣は多忙でこれ以上の仕事は難しい。資教自身は老体でも、近親の日野有光《ありみつ》・秀光《ひでみつ》・盛光《もりみつ》などが手助けするだろうから問題はない」として後小松の提案を一蹴した。後小松はなおも食い下がり、「そうならば、兼宣と資教の二人体制で奉行させるというのはどうだろうか」との妥協案を提示した。それに対する義持の答えは、「二人体制とはナンセンスです。そもそも広橋兼宣は青侍《あおざむらい》も揃わないような状態ですので、儀礼に参加させるには不向きです」というものであった。

要するに、奉行の人選を広橋兼宣にするか、日野資教にするかで二人の意見が分かれたのである。そこで、両者の人物像を確認しておきたい。まずは、後小松が抜擢に執心した広橋兼宣だが、彼は『兼宣公記《かねのぶこうき》』という日記の記主として有名である。当時の日記は、子孫に向けて書き残された「知識の玉手箱」ともいうべきもので、現在まで伝わっている日記の記主は、有能な貴族であったことが多い。兼宣もその例に漏れず、当時の能吏《のうり》の代表格であった。官位の上でも順調すぎるほどの昇進を遂げ、武家伝奏などを歴任しつつ、応永三十年には従一位大納言に、同三十二年には准大臣となっている。広橋家は日野家支流の堂上公家であり、家格は名家であった。その広橋家出身でありながら准大臣にまで昇り詰めるというのだから、破格の待遇を実現させていたといえる。

では、対する日野資教はどうだったか。資教の社会的地位は、兼宣が准大臣に昇進したときに資教本人が表明した自己認識に明瞭である。応永三十二年の四月、兼宣に准大臣の位が与えられたことを知った資教は、すぐさま抗議の意を表した。資教にとって、兼宣の准大臣昇進は老後の恥辱であった。すでに資教は出家の立場にあったが、法体になった人物でも准后には任じられることがあるという先例を援用して、自らにも准大臣位を付与してほしいと主張したのである。

なぜ、資教にとって兼宣の任准大臣が恥辱であったかというと、資教が日野家の嫡流であり、宿老

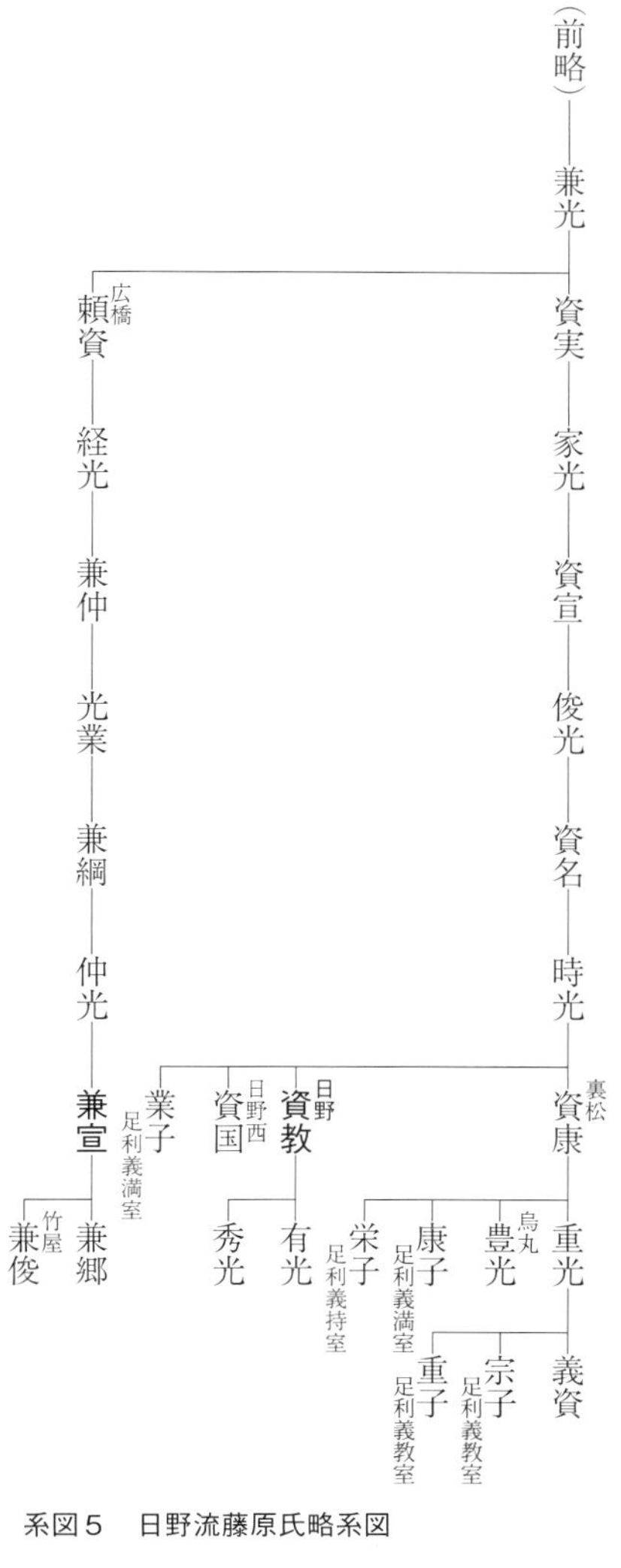

系図５　日野流藤原氏略系図

であったからである。日野家の支流にすぎない広橋家の兼宣が准大臣に任じられ、自らを超越することは、当時の家格秩序からすればあってはならない逆転現象であり、格下の広橋家の風下に立つことは、資教にとっては耐えがたい辱めであった。

また、兼宣の昇進は、資教にとって生き様そのものまで否定されたように感じられたらしい。資教は、「私は出家以降も称光天皇や後小松上皇にお仕えしてきた。兼宣であろうとほかの誰であろうと、私以上の奉公をしてきた人物などいないはずだ」とも主張したのである。資教の自己認識は、一定の事実を反映している。というのも、日野家とは、後光厳流皇統において院執権の地位を代々歴任する家系であったからである。『公卿補任《くぎょうぶにん》』など簡便なテキストを参照するだけでも、応永十九年に日野重光《しげみつ》が後小松上皇の院執権に就任するや、翌年にはその弟の豊光《とよみつ》に継承され、応永二十四年には資教息の有光が、同三十二年には重光息の義資《よしすけ》が院執権に就任している。資教も兄である資康《すけやす》とともに、後円融院庁の院執権を勤仕している。

ちなみに、院執権とは院庁庶務の統括役で、院務全体を統括するという意味合いの強い院執事（義持が就任した職位）に対し、より実務官的要素が濃い。いわば院庁の事務局長である。資教はそのような院執権を歴任する日野家の、嫡流であり長老であった。長年、後小松上皇に仕えてきた資教にとって、家格秩序で格下にあった兼宣に官位を逆転されることは、それまでの功が兼宣に劣るとされたに等しく、許容されるものではなかったのだろう。そして、交渉の甲斐あってめでたく資教の願い出は聞き届けられることとなるのだが、ここで確認しておきたいのは、日野家が後光厳皇統院庁の院執権を歴任する家柄にあり、資教がその長老であったことである。

話を泉殿御作事始儀の奉行をめぐる後小松と義持の対立に戻そう。後小松が広橋兼宣を奉行に推挙した理由は、比較的理解しやすい。兼宣は能吏の代表格なのだから、その兼宣に仕事を託すというのは、ごく合理的な判断である。それに対し、義持の主張にはいささか無理がある。義持が兼宣の不可を主張するにあたって提示した理由は、兼宣が多忙であること、そして青侍が揃わないこと、この二点である。しかし、実は儀礼当日、兼宣は牽馬の際に義持の指示を飯尾加賀守に伝達している。つまり、奉行こそつとめていないものの（結局、義持が日野資教で押し切った）、兼宣は儀礼に従事しているのである。兼宣が多忙で手が回らないというのは、大げさな表現であった。また、ほぼ同じ時期に兼宣の実妹・典侍局は、青侍十人とともに七観音詣でに出かけている。仮に兼宣個人の青侍は不足していたとしても、広橋家総出で協力すれば、青侍が揃わないというようなこともなかったと思われる。

そもそも義持とて、日野資教が老齢で実労を期待できないことは是認している。にもかかわらず、義持は最後まで資教にこだわり、譲らなかった。その理由は一つしかあるまい。実務上の理由ではないのだから、名目上の理由である。つまり、義持としては、後小松上皇の院御所の一部たる泉殿を造営するにあたって、その奉行にふさわしい肩書きを持つ人物を起用したかったのである。そして、その最適任者が、後光厳院流院庁の院執権を歴任してきた日野家の長老たる資教であったことは、もはや明らかであろう。

では、なぜ義持は、名目上正当な人物の奉行登用にこだわったのか。それは、院御所というのが、天皇家当主の権威を視覚的に周知させるという意味を帯びた建造物であったからだと思われる。院御所の威儀厳重な造営とは、その亭主である天皇家当主（後小松上皇）の権威向上に直結するものであり、それゆえ、なにはともあれ建前の問題にこだわらざるをえなかった。逆に、あくまで実務を優先しようとした言動からは、そういう部分にまで考慮の及ばない、後小松の視野の狭さ（あるいは脳天気さ）が垣間見えてしまうだろう。

天皇家の権威向上に心を砕く

天皇家権威の向上に心を砕く義持と、それに無頓着な後小松という構図は、応永二十九年の旬儀《しゅんぎ》をめぐるやりとりからも看取される。旬儀とは、毎月一日などにおこなわれた朝儀としての酒宴のことで、この時代には形骸化していたが、それでもとくに挙行する必要に迫られる場合もあった。

その一つが、「朔旦《さくたん》の旬」に際して催される旬儀である。朔旦の旬とは、冬至が旧暦の十一月一日にあたることをいい、その年には特別に旬儀をおこなうことが求められた。応永二十九年は、暦の上でまさにその年にあたっており、その開催について議論が交わされた。この旬儀に対して、後小松はなぜか消極的で、当時の関白であった二条持基《もちもと》に、「朔旦の旬儀の件だが、執りおこなう必要はあるだろうか」と諮問した。本音では「できればやりたくない」と思っていたらしい。しかし持基は、「朔旦の旬儀を省略するためには暦そのものを変えるという方法があり、有史以来、三回の実例が確認されます。しかし、そのすべてが先例としては凶例です。今回は実行するべきでしょう」と返答した。後小松は、「では、平座《ひらざ》（天皇が出席しない略儀）というのはどうか」と再び諮ったが、持基はそれにも抵抗する。「あるいはわれわれ廷臣の負担を考慮していただいているのかもしれませんが、とくに負担が軽減されるということはありませんので、略儀でなく挙行しましょう」と答えると、困った後小松は、「まずは広く意見を募ってみようじゃないか」と問題を先延ばしにしようとした。にもかかわらず、持基はなおも食い下がる。注目すべきは、そのときに持基が発した「それも良くないです。というよりも、義持様が旬儀をおこなうよう主張しておりまして、すでに公卿僉議《せんぎ》も済んでいるのです」というセリフである。持基が強硬に朔旦の旬儀実現を主張した背景には、義持の意向があった。

旬儀催行に意欲的な義持と消極的な後小松という構図がここには存在していたが、なぜ後小松は旬儀に積極的でなかったのか。史料から、その理由をうかがい知ることはできないが、おそらく「平座なら構わない」と言っているので、称光天皇を儀礼の場に出したくないというのがあったのではあるまいか。先にも触れたように、称光は即位して以降、断続的な体調不良に悩まされた天皇であり、この前後の時期にも、称光の体調に関する風聞が取り沙汰されていた。そのような称光をむりに引っ張り出して、かつ、粗相でもされては一大事。そういう後小松の親心が働いたと考えておきたい。

一方、義持が朔旦旬儀の挙行を主張した理由は何か。これも史料上に明記されないが、当時の義持はすでに内大臣を退いており、実際に催行されることとなった旬儀にも参加していない。ゆえに義持個人の自己顕示欲であるとか、そういう問題では片付けられない。義持が朔旦の旬儀という朝廷儀礼開催に執心した背景には、天皇家にとって儀礼というものが備えるそもそもの性格を考えなければなるまい。

儀礼とは、儀礼中の所作や席次を通じて社会的身分関係を視覚的に現出させ、あるべき社会秩序を表現するという社会的機能がある。朝廷儀礼においては、その儀礼世界の所作や席次を通じて、「日本」社会で最高位に位置するのが天皇であることが確認された。つまり、朝廷儀礼や節会などには、天皇が天皇たる由縁を再生産するという機能があり、皇統の分裂下では、現に皇位にある「王家」が真に正当な「王家」たることを保障する装置でもあった。

そのような朝儀の執行にこだわる義持の狙いは、朔旦旬儀を威儀厳重に実現させることで、後小松上皇や称光天皇が最高位にあることを周知させ、後小松「王家」の権威を維持・向上させるところにあったと考えて大過ない。義持の言動には、後小松「王家」の権威化という基準があったのであり、義持の輔弼行為とは、そのような目的を帯びるものだったといえるだろう。

「王家」の執事をつとめる意味

後小松「王家」との関係をみていくと、足利義持の行動は、さながら現代語でいうところの「執事」（あるいは「家宰」「爺や」）という言葉がピタリとくる。そのような義持の性格を端的に伝えてくれる二つのエピソードを紹介したい。一つ目は称光天皇の出家騒動、もう一つは、称光死後の次期天皇選定である。

まず、称光天皇の出家騒動についてみてみよう。事件のあらましを横井清氏の著作をふまえて整理すると、事が起こったのは応永三十二年の六月二十八日である。その少し前に称光は、内裏で琵琶法師《びわほうし》に平曲《へいきょく》を演奏させるということをした。一見、なんとない行為にみえるが、当時の先例や規範意識からすれば、いささか常識を逸するものであり、そのことを伝え聞いた後小松上皇も、そのような先例がないことを指摘した。親から子への教育的指導の類いであるが、もともと父親である後小松に対する不満を抱えていた称光の鬱積がここで爆発してしまう。こともあろうか、「だったら天皇をやめて出家する」と啖呵を切ってしまったのである。称光としては引くに引けなくなったわけだが、そこで調停に入ったのが義持であり、その尽力が奏功して騒動は無事に収まった。

この義持の調停作業について、横井氏は次のように述べる。すなわち、「六月二十八日の夜、折から北野社に参籠中の義持は、駆けつけた急使の報に一驚して内裏へと直行し」、「天皇とじかに再三問答を重ね、やっとの思いで踏みとどまらせた」と述べるのである。横井氏の説明によると、義持の説得により称光が出家を思いとどまったことになる。

横井氏の理解は、『看聞日記』の分析によるものであるが、『薩戒記《さっかいき》』からは、もう少し詳しい様子がわかる。同記応永三十二年六月二十八日条によると、後小松が称光の変調を察知し、義持に相談をもちかけたとある。後小松の依頼により称光のいる内裏へ赴いた義持は、そこで称光からの「鬱積状」を受け取る。手紙を握りしめた義持は後小松のもとへとトンボ返り。事の次第を後小松に報告すると、後小松は称光への返事をしたためた。もちろん、その書状を届けたのも義持である。後小松からの手紙を見た称光は、それで気持ちが収まったらしい。納得した旨を義持に伝えさせ、後小松もそれを受け入れて、一件落着となった。

ここから確認できる義持の姿は、後小松と称光の間を右往左往する、メッセンジャーとしての役割である。言ってしまえば、父子喧嘩を仲裁しただけの話である。このエピソードが示しているのは、後小松「王家」の親子喧嘩の仲裁役としてふさわしい立場に義持があったということである。まさに、執事といえるだろう。

なお、このエピソードの発端には称光の後小松への不満があったわけだが、その不満とは、病弱な称光の後継者として、伏見宮家の存在が取り沙汰されていたことに対する不快感であったようだ。父親であるにもかかわらず、自らを亡き者として扱い、後継者選定に汲々としている後小松のことが、称光には許せなかったらしい。そして、この称光の後継者選定からも義持の執事としての姿が垣間見えるので、次に見ていこう。

何度か述べてきたように、称光天皇は元来、病弱であった。そのことも影響してか、実子もなかった。ゆえに、称光がたびたび体調を崩し危篤状態になると、そのつど後継者問題が浮上し、後小松と義持のトップ会談により道筋が立てられた。例えば、応永二十九年八月に称光が危篤状態に陥ると、義持は後小松を訪問したうえで、伏見宮貞成親王に、その子である彦仁について問い合わせた。彦仁が後継者候補としてピックアップされたのである。

また、応永三十二年二月に称光天皇の弟小川宮が死去し、後光厳流の血筋が称光と小川宮の代で途絶えることが事実上確定すると、彦仁擁立への動きが加速化する。称光がまたしても危篤となった応永三十二年七月には、義持は再び貞成に使者を派遣し、彦仁の年齢などを確認している。応永三十二年に一度ならず重篤な状態となった称光であったが、いったんは快方に向かった。しかし、そんな称光も応永三十五年にはついに力尽きる。同時期に義持も死去してしまったのだが、次の将軍である義教の協力を得て、彦仁は無事に即位を遂げた。

以上のプロセスからわかるのは、後小松「王家」に後継者問題が発生した際、「王家」家長の後小松と義持とが相談して解決策を練り上げたという事実である。このような義持の立場は、まさに執事というにふさわしい。そして、皇位断絶を避けるために尽力する義持の目的が、北朝後光厳流の安定的な皇位継承にあったことは明らかである。言うまでもなく、安定的な皇位継承とは天皇家権威を維持向上させるための絶対的な大前提である。

受け継がれてきた政策基調

本章で述べてきた、義持の朝廷社会における行動についてまとめよう。

義持が朝儀などに参加するときは、准現任摂関という立場で参加することが多かった。准現任摂関以外にも、蔵人や東宮傅の役割を担うこともあった。朝儀など表舞台以外では、例えば後小松院政の院司をつとめたり、諸儀礼における申沙汰役に従事したり、称光天皇との関係では、譲位儀や即位儀で後見人役ともいえる役回りを買って出た。

視点をかえて、後小松「王家」の家政に関わる事例としては、後小松院の代官として伊勢参宮に赴いたり、後小松が夢想によって七仏薬師法を挙行するときには、天皇家領の鳥取荘および上村荘の年貢収納を代行し、その費用を確保するなどした。後小松の院御所やその泉殿の造営を実現させたのも義持であったし、血筋が途絶えようとしたとき、伏見宮家から彦仁を猶子として迎え入れるという皇位継承の道筋を立てたのも義持である。

これら義持の諸営為を整理すると、「朝儀の円滑な運営」「後小松院政や称光が天皇として振る舞う際のサポート」「後小松『王家』存続への協力」の三点にまとめられる。義持は後小松上皇と称光天皇という親子による朝政運営を、公私にわたり輔弼していたのである。そして、その目的は後小松「王家」の権威維持向上にあったといえる。義持は公私にわたり、後小松上皇と称光天皇の両者をサポートする後小松「王家」の執事であった。それでは、このような義持のスタンスは、直義や義満までの流れにおいて、どのように位置付けられるのだろうか。

繰り返しになるが、義持の朝儀における行動規範は、現任摂関に準ずるというところにあったから、義持の属性を象徴する地位は現任摂関であったと考えられる。では、現任摂関とは、いかなる性格を持つ地位なのだろうか。まず、摂政や関白という役職が本来的に有する職掌は、天皇が幼少または病気などのときにその政務を代行したり、成人天皇を補佐したりすることである。また、その摂関職を世襲的に継承した摂関政治期の摂関家家長には、外戚として天皇治世の一翼を担うという性格もあった。義持が自らを準えた地位とは、そのようなものである。

では、そのような准現任摂関として義持の姿は、父である義満と比較したとき、どのような関係にあるだろうか。第一章で述べたように、義満は後小松天皇の父親代わり、〝父権保持者〟として自らを定置し、さながら上皇であるかのごとく振る舞っていた。院政期における「治天の君」の立場にあったといってよい。対する義持は、後小松や称光にとっての摂関的存在であり、摂関政治における摂関家当主の立場に比定できる。

院政期の治天の君と、摂関政治期の「摂関」、この二つの立場は本質的に近似している。近年の研究成果によると、少なくとも中世初期においては、中央政体（公家政権）中枢の構成は、「天皇・上皇・母后・藤原氏（摂関家）」であったという。これら中世的な公家政権の本質をふまえると、親政であるか摂関政治であるか院政であるかというのは、そのときどきの政権中枢内部が、どのような力関係によって構成されているかの違いでしかないことになる。

中世公家政権において、治天の君と摂関というのは、互いに政権中枢の構成要素という意味で基本属性が共通しており、極言すれば、互換可能な存在である。両者ともに、天皇という建前上の絶対者を身近で支えることを社会的使命としている。そのような点をふまえるならば、義満と義持との相違は、アプローチの相違、方法論の違いでしかないということになる。治天の君相当の義満であれ、准現任摂関である義持であれ、その基本属性は、朝廷政治の領導者たる天皇家を輔弼する存在というところでは通底しているのである。

そもそも、准現任摂関という性格は義持による諸営為の一面でしかなく、繰り返し述べてきたように、義持の公家社会における諸営為の共通点は、後小松「王家」の権威向上を目的としていた。つまり、義持による諸営為とは、第一部で述べたところの、北朝権威の維持向上という、直義から義満に引き継がれた政策基調と実質的にはなんら変わるところがなかったといえる。義持の天皇家に対する行動の基調は、北朝天皇家（後小松「王家」）を支えて権威化することにあり、それは直義にはじまり、義満に継承された方針の延長上に位置付けられるものであったことが理解されるだろう。

第三部　足利義教と北朝天皇家

第一章　義教と後小松上皇

義教の行動規範は義満か？義持か？

第二部では足利義持の朝廷社会における行動を分析したが、その過程で、天皇家との関係形成、あるいは朝廷行事への関わり方において、義満と義持には共通点と相違点があったことを述べた。すなわち、北朝天皇家を輔弼するという意味では共通しているものの、方法論において、義満は治天の君のように振る舞い、義持は現任摂関のように振る舞ったという違いがある。このあり方のうち、どちらが、その後のスタンダードとなっていったのだろうか。ここでは、夭死した義量《よしかず》を挟んで、義持の後継者となった六代将軍義教《よしのり》を検討したい。

義満と義持との相違を考える際に、前部で大嘗会を取り上げたが、実は義教の代にも大嘗会は挙行されている。ゆえに、そこでの義教の行動を分析することで、義教以降の室町幕府将軍によって継承された行動規範が、義満的なあり方だったのか、義持的なあり方だったのかについて、一定の見通しが立つものと思われる。

一般論として足利義教は、兄義持ではなく父義満の事績を追慕したとされている。例えば、義持が

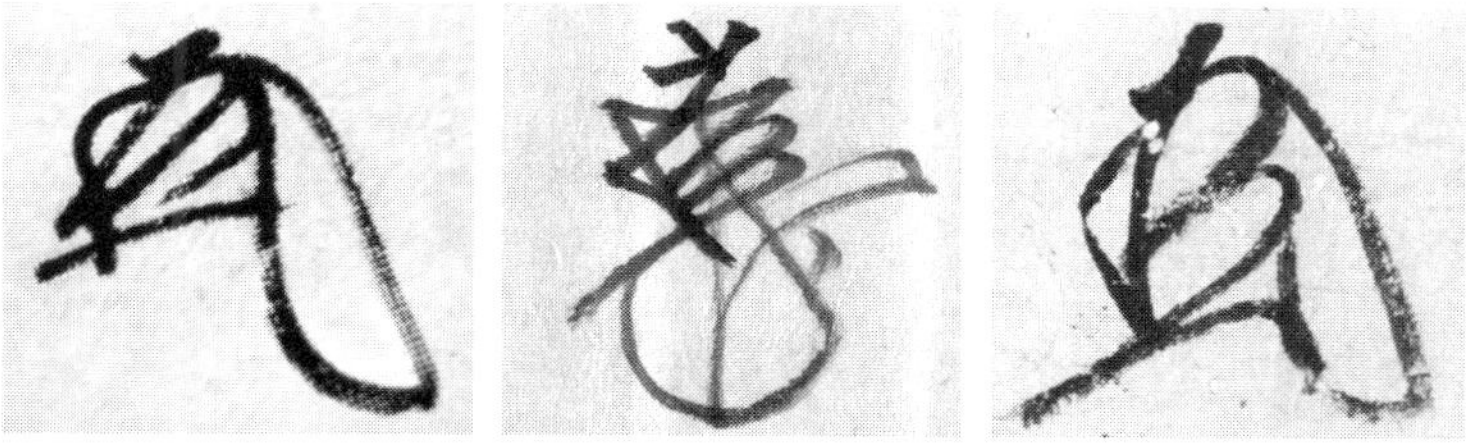

右から足利義満花押・義持花押・義教花押

年三度に改めた等持寺《とうじじ》八講《はっこう》の回数を義満時代の年一度に戻したり、花押も義持が用いた「慈」ではなく、義満が用いた「義」の字をベースとするものであった。

　義教が義満時代の先例を強く意識したことは、『満済准后日記』永享元年（一四二九）五月二十五日条に詳しい。ここで義教は、ブレーンともいえる醍醐寺僧の三宝院満済に、間近に控えた石清水参詣の行粧について相談している。先例を調べると、義満初度の事例、義満二度目の事例、義持の事例の三択となったが、このうちどれを準拠先例にすべきかを尋ねたのである。

　それに対して満済は、「義満様の二回の先例のうち二度目がよろしい。初度のときは全体として武家様式による参詣だったが、二度目は公家様式だった。義教様におきましては公家様式がふさわしいです」と返答した。あくまで個人としての意向であるが、公家様式を推薦していることから、満済は義満の先例によって行動させることで、義教を公家の一員として位置付けようとしていたようだ。つまりそれは、公家の一員として振る舞っていた時代、すなわち出家する以前の義満の姿に義教を近づけようとするものである。それでは、実際に義教は出家以前の義満のように振る舞っていたのだろうか。

大嘗会にみる義教の振る舞い

義教が参加することとなった大嘗会は、永享二年（一四三〇）に挙行された、後花園天皇即位にともなう大嘗会である（以後、「永享度大嘗会」）。義教が将軍となってから三年目の年の出来事で、義満や義持も経験している大嘗会における義教の行動を分析することで、朝廷儀礼での行動のあり方について、これら三代の将軍を比較検討することが可能になるのだが、どうやら、全体基調として義教の永享度大嘗会は、義満の永徳度大嘗会に準えていたようだ。というのも、「永徳鹿苑院《ろくおんいん》」（義満）が「御作進」した「式」（プログラム）を「御正本」として用いているからである。

とはいえ、全体基調として永徳度大嘗会の先例に準拠し、義満の先例を重視することが標榜されたからといって、義満が永徳度にしたのと同じ所作にて、義教が行動したとは限らない。実態としての行動を確認する必要があろう。

大嘗会では、「挿頭儀《かざしのぎ》」という儀礼がおこなわれる。挿頭儀とは、新天皇の冠に臣下が造花を刺す儀礼のことだが、この際の挿頭儀における義教の行動様式は、永徳度の先例準拠であったことが史料に明記されている。なぜそうなったかというと、天皇が幼少だったからである。永徳度の後小松天皇と違い、応永度の称光天皇はすでに元服していた。ゆえに、元服前だった永享度の後花園天皇が先例にしようとすれば、自動的に永徳度とならざるをえなかった。先例の選定には、このような要素も絡んでくるのである。ともあれ、挿頭儀においては義満の永徳度の先例が採用されている。

ほかにも、義満の永徳度の先例に準拠した事例はいくつか確認され、具体例として行列における義教の位置を挙げよう。当時右大将だった義教は、右大将として規定の位置に供奉し、それは義満の先例に適うものであった。それに対し義持は、前部で詳述したように、摂関家先例の一つたる「騎馬」という供奉の仕方であった。

このように、全体の基調にとどまらず、具体的事象においても義教は義満の先例に準拠している場面が少なくない。しかし、すべてがすべて、義満の先例に準拠していたわけでもない。先に大嘗会において、義満と義持とで振る舞いが相違した行動として、節会の内弁と清暑堂御遊所作人の勤仕を挙げた。どちらも義満は勤仕し、義持はしていないが、実は義教は、この両方ともに勤仕していないのである。義持と義満とで対応が別れる挙動について、義教は義満でなく義持の先例を優先していたのである。

さらに、例えば内裏の龍尾道《りゅうびどう》という場所で天皇が鳳輦《ほうれん》から腰輿《ようよ》に乗り換えるという所作があるが、その際に天皇を扶持する義教の姿は『永享度大嘗会』という史料に詳しく、その記載内容は『大嘗会仮名記』に記された応永度における義持の姿と瓜二つである。他にも、義教は標山《ひょうのやま》という造形物を内裏に引き入れるときに、摂政の二条持基と並んで見物したり、天皇が悠紀宮《ゆきのみや》に入御するときに義教と持基がそれに付き従ったように、この大嘗会を俯瞰すると、現任摂関の対等者として行動する義教の行動をいくつも確認できる。つまり、永享度大嘗会は、全体の基調としては義満の永徳度大嘗会の先例に準えておきながら、つぶさに分析すると、義教の行動実態は、むしろ応永度の義持に近かったといえそうなのである。

となると、「義満の先例を重視する」というのは、なんらかの目的のために標榜された表向きの看板にすぎず、実態そのものは、義持のそれを継承するものであった可能性が浮上してくる。では、なんらかの目的とは何か。むろん、そこにはさまざまな目的があっただろう。それについては、もう少し後に詳しく考えたい。ここでは、先に触れた、義教に対する三宝院満済の「石清水参詣では、公家様式による義満二度目の先例がよろしい」という進言を思い出したい。

義教に対し、公家として振る舞わせようとする満済の姿勢は一貫している。永享元年に義教は元服儀を遂げるが、その直後の参内始儀に関する先例を選定するにあたって、満済は、「武家様式による参内は感心しない」との意向を明示している。朝廷儀礼に参加する以上、公家様式に則るべきだという満済の主張は、当然と言えば当然のもので、その当たり前に差し障りが出る場合には、義満の先例とて、迷いなく捨象された。

それは、義教への将軍宣下の様子を見れば一目瞭然である。義教の将軍宣下は、応安年間の義満の先例に準拠するものであった。しかし、それに対して伝奏の万里小路時房《までのこうじときふさ》は、義教に「応安の先例なら申次《もうしつぎ》は武家の儀になるが、これまで義教様においては、参議や大納言任官のときなどに申次を公家がつとめてきたので、今さら武家が申次というのはいかがなものでしょうか」との疑問を呈した。

それをふまえて義教サイドからは、「ならば申次は公家の高倉永豊《たかくらながとよ》にしよう」との返答があった。義満の先例といえども、「武家儀」であれば容赦なく却下されたのである。

義満の先例重視の方針と限界

義教が義満の先例を重視した背景には、フィクサーである満済の意向が大きく作用したものと思われる。その満済が義満の先例を義教の行動規範として採用させた目的の一つとして、義教を公家様式で振る舞わせるということがあったようだ。となると、「義満の先例を重視する」というのはあくまで手段であり、それそのものが目的ではなかったということになる。それが目的でなく手段であった以上、義教が義満の先例を重視したからといって、一から十まですべて義満と同じように義教が行動したということにならないことは明らかであろう。

また、そもそも義教には、義満の先例に準えたくとも準えることができない事情があった。周知の通り、義教はもともとは出家して仏道に勤しむ立場にあった。それが子に先立たれ、後継者がいなくなっていた義持の死に際し、籤《くじ》にて将軍として指名され、還俗《げんぞく》したうえで就任した人物である。そのような来歴を持つゆえ、必然的に還俗して将軍になった直後の義教には、足利将軍家の家長として適切に振る舞っていくノウハウが決定的に不足していた。

当時の義教には種々のノウハウが不足していたであろうという点をふまえて、永享度大嘗会で義教が採用した義満の先例を振り返ると、興味深い共通点が浮かび上がる。まず、義教が義満の先例に準じた事例として、行列の位置があった。それは、永享度大嘗会が永徳度に準拠して挙行されていることを、可視的に表現するうえで非常に効果的であったと思われるが、一方で、基本的には立ち位置の問題であり、節下大臣《せちげのおとど》などの役割を担っていない限り、特段の作法を必要としないものであった。ほかにも類似する事例がある。義教は自邸にて清暑堂御遊の拍子合（リハーサル）を挙行しているが、それは義満の先例を追うものであった。これについても、邸宅・禄物《ろくぶつ》を提供すれば、あとは観覧すれば済む話だというところに注目したい。

他方、節会の内弁や御遊の所作について、勤仕したという義満の先例にもかかわらず、義持同様に従事していないことは先に簡単に触れたが、節会で内弁をつとめるには、多くの故実・作法を必要とし、楽器を所作するためには、日頃の修練が不可欠なのは言うまでもないだろう。つまり、義教は特殊な素養が求められないもののみ義満に准えたが、それが必要な場合には、義満には准えていないのである。「義満の先例を重視する」という方針は、義教を「公家儀」において振る舞わせるという意図などもふまえて採用されたものであるが、嗣立直後の義教には十全な教養が備わっていなかった。義満の先例に準えるにも、技術的な限界があったのである。ゆえに、大嘗会において義教は、先例故実上の教養が不要な行動のみ義満に準えることとなった。

しかし、ここで説明したかったのは、「義教は義満の先例に準えようとしながらも、それが叶わなかった」ということではない。そもそも、「義満の先例を重視する」という方針があったとしても、何でもかんでも義満の先例通りに行動したわけではない、ということである。さまざまな状況や目的をふまえて、高度な政治的判断の下、義満の先例は戦略的に取捨選択されていたということを確認しておきたい。つまり、「義満の先例を重視する」という方針を掲げながらも、実態としては、まったくそれとは真逆ということもありえたのである。

仮に、義教による義満の先例重視が、戦略的な取捨選択のうえでのパフォーマンスにすぎなかったとするならば、義教の実態としての行動様式と義満の行動作法とが、必ずしも一致するとは限らなくなる。ここでは、朝廷儀礼に参加するときの行動実態について分析してみよう。

それに関して、「上卿《しょうけい》」「内弁」「申沙汰」という役割について改めて注目したい。すでに説明したように、内弁とは「平安時代以降、即位・節会などの儀式のとき、承明門などの内で諸役をつかさどった公卿」であり、申沙汰とは「公事の執行を裏方を含むさまざまなかたちで支え、実現させる」といった感じの意味合いで、正式な肩書きによる職掌勤仕ではない部分からの、建前上は非公式な尽力一般を指す。

「上卿」や「内弁」などを担うのは大臣級の貴族に限られるが、足利将軍家家長は、それに相当する。ゆえに、足利将軍家家長（大臣級）が朝儀に参加するには、二つの形態があったことになる。一つは、上卿や内弁など正式な参加者として関わるケースである。この場合、正式な参加者なので、先例故実に対する知識が必要となる。もう一つは、中沙汰として、いわば縁の下の力持ちのように関与するケースで、この場合は、先例故実に対する知識は相対的に必要とされない。

この「内弁」「上卿」と「中沙汰」への態度をみると、義満と義持は対照的な姿勢を見せており、そこから義教の行動が義満に近かったのか、義持に近かったのかも明らかになる。

義持が中沙汰に熱心だったことは、前章で説明したとおりである。しかし、実は義持が内弁や上卿に従事したことを示す史料は、管見の限り見当たらないのである。他方、義満については、節会の内弁を十九回にわたり勤めており、かつ、その作法が秀麗であったとの同時代史料が残されている。もちろん、中沙汰事例も数限りなく確認される。つまり、中沙汰と同じように内弁や上卿にも積極的だった義満と、中沙汰に事例が限定される義持というコントラストが指摘できるのである。

義持の行動様式を継承

それでは、義教はどうであったのか。義教も、義満や義持と同じように、中沙汰については前向きな姿勢を示した。例えば、本来なら公卿議定で定めるべき、後花園の「御元服定」を、内々に義教が申し定めたり、後花園天皇の即位儀において、摂政（二条持基）とともに「永徳御例」にて中沙汰したりしている。義満の先例によるものも含め、義教が中沙汰を果たした事例は少なからず目につく。

その一方で、内弁や上卿となると、いささか趣が異なってくる。内弁や上卿に関する史料がまったくないわけではないのだが、どれも注意を要する事例ばかりなのである。例えば、義教は後花園が元服してすぐに左大臣となる。そして、その直後に挙行された白馬節会《あおうまのせちえ》で内弁に任じられた。しかし、義教はこのとき内弁に任じられながらも、実際にはその役割を果たすことなく、大炊御門信宗《おおいみかどのぶむね》に交代しており、自身は節会の見物を決め込んでいた。義教が内弁に任じられたことを示すと同時に、その役割をつとめていないことを示す事例でもある。同じような事例として、永享四年（一四三二）十二月二十一日の後花園の元服に際しておこなわれた「山稜使定并発遣」儀礼がある。ここでも義教は、儀礼の上卿に指名されていた。しかし、やはり実際はキャンセルしているのである。

義教が上卿・内弁を勤仕したことを示す唯一の事例は、永享四年十二月九日の、後花園元服に際する「伊《い》勢《せ》一社《いっしゃ》奉幣《ほうべい》日《にち》時《じ》定《さだめ》」儀礼である。ここでは、義教が上卿であったことだけが記されており、実際に勤仕したかどうかは詳らかでない。ゆえに、勤仕した可能性を否定することはできない。とはいえ、仮にこのときに義教が上卿の役割をつとめていたとしても、形式的関与であったのではあるまいか。

義教の上卿・内弁勤仕に関する史料はほんの数例確認できるものの、実際に勤仕した可能性を残すものは一例のみしかない。朝廷儀礼に対する義教のスタンスとは、申沙汰のみならず上卿や内弁も勤仕した義満ではなく、申沙汰に特化した義持に近かったといえるだろう。

ところで、故実作法などの公家教養が必要とされる上卿や内弁をつとめないまでも、現任摂関に自ら準えたりしつつ、中沙汰なども含めて、さまざまなかたちで義持も朝廷儀礼に顔を出してはいた。ただ、義持が出席する朝儀には一定の傾向があった。ここで試みに、朝廷儀礼を二類型に分類したい。一つは、大嘗会、即位、天皇元服など、天皇という存在に密接にかかわる行事で、仮に「天皇関連行事」と呼ぶこととする。もう一つは、それ以外の諸節会や年中行事など、太政官制や、その官位秩序を背景とする行事で、仮に「一般行事」と呼ぼう。

この二類型の朝廷儀礼について、義満は後小松上皇の成長を後見しつつ、節会の内弁なども歴任するなど、双方ともに深く関与していた。しかし、一方で義持の朝廷儀礼関与は躬仁《みひと》親王が一人前の称光天皇になるための通過儀礼、すなわち「天皇関連行事」に限定できるのである。それでは、義教はどうだったか。実は義教が参加した朝廷儀礼は、拝賀や着陣など自己の昇進関連儀礼と、大嘗会や元服など後花園の即位関連、すなわち「天皇関連行事」に限られてくるのである。ここでも、やはり義教の行動実態は義持に近いということになる。

くどいようだが、もし「義満の先例を重視する」という方針が、義教の行動実態を規定するものであるとすれば、義満と同じように「一般行事」にも積極的に参加していなければならないはずである。にもかかわらず、事実としてはそうなっていないのだから、「義満の先例を重視する」という方針は、義教の実質的な行動様式を規定するようなものではなかったと解釈せざるをえない。

それでは、なぜ、そのような現象が発生するのだろうか。この点について示唆的なのは、還俗した義教が初めて朝廷官位を授けられたときの諸儀礼である。このときも、先例は義満であった。しかし、この義満の先例の採用には、いささか強引な面があった。義教は五位に叙爵《じょしゃく》されるのと同時に左馬《さまの》頭《かみ》にも任じられていたのだが、義満の場合、叙爵と左馬頭拝任は別の日であったから、義満の先例は状況的にあまり適切でなかった。しかも、実は、叙爵と左馬頭任官が同日という先例は、義満以外の適例が存在していた。それは、初代将軍尊氏の先例である。叙爵と左馬頭任官が同日であることを鑑みれば、義満よりも尊氏の先例のほうが義教の実態には近かった。にもかかわらず、義教の叙任儀礼はあくまで「義満の先例に準えた」という体裁を堅持して挙行された。つまり、大切なのは「先例通りであること」ではなく、「義満を先例にしたという事実」だったということになるだろう。

それでは「義満を先例にしたという事実」は、義教にとっていかなる意味があったのだろうか。というよりも、義持に近い行動様式であるにもかかわらず、義満の先例を採用することに不都合はなかったのだろうか。

義教が義満の先例に準えたことが明確な事例を列挙すると、次の通りになる（括弧の中は、義満がその行動をしたときの年号）。

元服（応安）／任大納言（永和）／石清水参詣（至徳）／任右大将（永和）／任淳和・奨学両院別当（永徳）／室町殿御会（康暦）／後花園即位儀（永徳）／大嘗会（永徳）／任大臣（永徳）／後花園元服（至徳）／笙始（康暦）／勅撰和歌集の撰集（永徳）／近衛大将辞任（至徳）

見ての通り、ほとんどが昇進や天皇即位関連の諸儀礼であり、また、時期的には応安（一三六八～一三七五）から至徳（一三八四～一三八七）までに集中している。この時期は、義満が大臣などの肩書きで朝廷儀礼に参加していた時期に相当する。言い方を変えれば、義教が準拠したのは、応永二年（一三九五）に義満が出家する以前の先例にほぼ限られるということになる。例外もあることにはあるが、日食が起きたときの対応に関する事例など、義教本人の政治姿勢を直接あらわすものではない点を押さえておきたい。

少し論点が錯綜してきたので、ここまで述べてきた点をまとめておくと、①義教が義満の先例を重視した背景には、義教を公家様式で振る舞わせようとする三宝院満済などの意向が影響していた。②その一方で、実際の義教の行動実態を確認すると、内弁や上卿は勤仕せず、参加する朝儀も「一般行事」には参加しないなど、義持の行動実態に近いものであった。③そして、「鹿苑院殿佳例」として採用された先例とは、具体的には義満が出家する以前のものに限られていた。

これら三つの要素を整合的に理解する鍵は、出家以前の義満が朝廷で活動していたときの準拠先例にある。出家後は法皇に準ずるような立場になった義満であったが、繰り返し述べてきたように、出家する以前には摂関家の先例に準えて行動していた。つまり、満済（など当時の公武首脳、あるいは社会上層部の世論）は、義教に公家社会においては摂関家の先例に準えるよう義教に期待していたということになる。となれば、必然的に行動実態は准現任摂関として行動した義持に近くなるし、准法皇化した応永年間以降の義満の先例は捨象される。ほとんど言葉遊びのようだが、「義教は、義持と同じ立場に位置付けるために義満の先例に準えた」とさえ言える。なぜ、そのような複雑怪奇な政治判断が下されたのかはおいおい明らかにしていくこととして、ここでは、朝儀における義教の行動が、形式上は義満先例に準えているように標榜されながらも、実態としては摂関家の先例に基づいており、それは義持の行動様式を継承することにほかならなかったことを強調しておきたい。

後小松「王家」の執事をつとめる

朝儀における行動をみたとき、義教は義満の先例を用いながらも、実態としては義持との類似性が強いことを論じてきた。もし、義教が実態として義持のあり方を継承していたとするならば、天皇家との関係においても、義持と同じように、「王家」の執事であったのではないかとの仮説も成り立つ。そこで、その実態について分析してみよう。

永享三年（一四三一）の二月頃、内裏の女官であった「あちゃ」なる女性が御台所《みだいどころ》で男子を出産した。禁中での出産は前代未聞のスキャンダルである。公家社会では、その男子の父親が誰であるかの犯人捜しが始まった。じきに真相は明らかになり、楊梅兼重《やまももかねしげ》が「実犯」であるとして、後小松上皇は義教に処分を求めた。義教は後小松から禁中のスキャンダルに関する処置を依頼されており、内裏の風紀維持に重要な役割を担っていたといえるだろう。

足利義教画像　東京大学史料編纂所蔵

北朝天皇家の風紀維持に関しては、ほかにも次のような事例がある。永享四年の十月、義教は後小松に「仙洞で男女が一緒に生活するのは不健全なので、各々に別棟を造成して差し上げます」と提案した。そして翌月には、早くも引っ越しが実現し、その際には義教が院参して申沙汰している。これも、男女がだらしなく同居しているという、仙洞御所にはあるまじき風紀の乱れを是正したのであり、義教が北朝天皇家の風紀維持に主体的な役割を果たした事例と位置付けられよう。また、義教は内裏の警備制度である禁裏《きんり》小番《こばん》についても、こまかく指示を出して強化した。義教は仙洞御所だけでなく、禁中の治安維持にも熱心だったのである。

ここまで、義教が北朝天皇家の内裏や仙洞御所の風紀や治安が乱れないよう奔走していた様子を見てきた。家内の風紀に乱れがあったり、居所の警備がずさんであったならば、その家主、すなわち北朝天皇家の権威は地に墜ちる。それを未然に予防しようとしていたのだから、義教の目的は天皇権威の維持向上にあったと考えられる。「天皇権威の維持向上」というのは、前部でみたように義持の基本的な政治姿勢であった。天皇家に対する基本姿勢において、義教の志向性は義持のそれとまったく同一であったといえそうである。

義教と北朝天皇家の関係については、ほかにも興味深い事例が認められる。永享五年の十月、長らく公家社会の主役にあった後小松上皇が薨去する。後小松の猶子にあたる後花園天皇の実父であった貞成親王のもとにも、後小松院の葬礼に関してさまざまな報告が届いた。そのなかには、後小松が所蔵していた日記類や楽器などの重宝類が義教の邸宅へと運ばれた、という情報も含まれていた。後小松の遺産は、いったん義教の邸宅に運ばれた後、そのまま内裏に持ち込まれ、後花園天皇がチェックすることとなった。

十二月になり、葬送関連行事も一段落つくと、主を失った後小松の仙洞御所をどのようにするかが問題となった。そこで義教は、広橋兼郷《かねさと》を介して相談したい旨を満済に伝えた。相談内容とは、「禁裏で必要なものは禁裏に運び込み、それ以外は三十三間堂《さんじゅうさんげんどう》に寄附するので、まずは検知のために室町殿に運ぶということでどうだろうか」というものであった。満済は、「それでまったく問題ない」と返答している。

やがて、永享七年になって後小松の仙洞御所は解体されることになると、貞成は「寝殿一対《しんでんいっつい》」「台《だい》所随身所門《どころずいじんどころもん》」「所領一所」を受け継ぐこととなり、鷹司房平《ふさひら》、松木宗継《まつきむねつぐ》、中山定親、北畠持康《きたばたけもちやす》、二条持基、泉涌寺《せんにゅうじ》などが旧仙洞御所の家屋や門の引き受け先となった。旧仙洞御所の建物は、義教の指示・責任において、貞成親王以下、公家衆に分配されていたのである。義教は、後小松が死去した際の遺産管財人のような役割を果たしていたといえるだろう。ちなみに義教が手にしたのは、庭園の石や植木などにすぎないことから、義教が遺産管財人の任を担った意図が、天皇家財産の蚕食といった性格のものでなかったことは明らかである。相続人たる後花園天皇へのスムーズな「王家」継承を担保するための措置であったと解釈すべきであろう。そして、公家社会もそのような義教の関与を歓迎しているように思われることから、後小松「王家」の執事としての位置付けは、広く公認されていたものと考えられる。

後小松の出家をめぐるかけひき

義教は「王家」の執事として、義持と同様の政治姿勢を見せていた。それでは、等しく北朝天皇家を支えるといっても、義持との違いがまったくなかったといえるのだろうか。後小松上皇との関係性を分析するなかで考えていこう。

義教が義持の後継者に指名された直後の正長元年（一四二八）六月二日、後小松上皇は義教を千句《せんく》連歌《れんが》の会に招いた。後小松としては、「これまでの義持と同じように義教を遇して、足利将軍家との良好な関係を維持していければ」といったくらいの感覚だったのだろうが、事は思惑通りに進まなかった。義教は、「まずは正式に院参の儀式を済ませてからにしたいと思います」として、招待を断ってしまったのである。後小松と義教の間には、義教嗣立の当初からさまざまな齟齬が存在していた。

義教が千句連歌の誘いを断った四ヶ月後、後小松上皇は出家を志した。盟友であった義持の仏事も一段落し、さらに、この三ヶ月前の七月には、唯一残った男子の称光天皇にも先立たれてしまっており、年齢的にも出家するには適当な頃合いであった。後小松個人の状況に関する限り、出家したとしてもとくに不自然ではないタイミングだったのだが、一方で、いまだ自らの政権基盤が安定に至っておらず、そこに集中したかったであろう義教にとっては、「もう少し待ってほしい」というのが正直なところで、留意に努めた。

前代以来のノウハウを蓄積している後小松が治天の君として君臨してくれていれば、義教としては武家社会における自身の地位確立に集中できる。「正式に元服を遂げて朝儀を含む諸儀礼を済ませていくという、自らの〝将軍化〟プロセスが完了するまでは、できるだけ公家社会の秩序が変動してほしくない」というのが義教の本音であっただろう。

義教が、官位の昇進なども含めて将軍として先例故実を一通り済ませるためには、おおむね五年くらいの月日が必要であった。しかし後小松は、あまりそのあたりの義教の事情に頓着しなかった。いまだ義教の身辺が落ち着かない永享三年（一四三一）三月、再び後小松は出家を志す。義教としても、さすがに二度も慰留するわけにはいかなかったらしく、追認するよりほかなかった。

しかし、どうにも義教には納得がいかなかったらしい。公家衆に対して八つ当たりともいえる行動に出てしまう。西園寺実永《さねなが》などの公卿が、義教に「後小松とともに出家しますから」と暇乞いをした。おそらく実永などの公卿としては、慰留されて思い止まるという予定調和的なやりとりをすることで、パフォーマンス的に後小松に対して追慕の意を表そうとしたのであろう。まさか本気で出家しようなどという意志はなかったものと思われる。にもかかわらず、義教はあえて空気を読まず、「出家すると決めたのだったら、いちいち暇乞いなど不要。さっさと出家すればよいじゃないか」と言い放った。

後小松に対する義教の鬱憤

後小松が自らの事情（内意）を忖度《そんたく》せずに出家してしまったことへの苛立ちを、義教は隠せなかった。義教と後小松との関係とは、万事にわたってこのような調子であった。そんな義教であっても、生前の後小松本人には大人の対応に終始した。公家社会における上皇としての政治力などを鑑みたとき、後小松とあからさまに喧嘩するという選択肢は、義教にはなかったのである。

義教の鬱積した思いが発露したのは、後小松が逝去したときの葬儀においてである。後小松の葬儀に義教は参加しなかった。伏見宮貞成親王は、日記にわざわざ義教の不参を特記していることから、当時の世論としては「当然参加するはずだ」と思われていたようだが、義教は、それを無視して欠席した。それに際して、義教は一応、満済に相談する。曰く、「明徳年間に義満様が後円融上皇の葬儀に供奉した先例があり、また、生前の後小松にはお世話になったということもあるので、今回の私も供奉すべきなのだが、風邪気味で、ドクターストップがかかっている。関白の二条持基に聞いてみたら、（足利家が準拠先例としている）摂関家の先例では、なにがなんでも上皇の葬儀に参加しなければならない、とはなっていないようだ。義満様はとくに後円融上皇と懇意にしていたから参加されたのではないかとも持基は言っている。どうするべきだろうか」と。要するに、「風邪を引いたので遠慮したい」というのが義教の本音だった。

義教の本意を敏感に察した満済は、「持基のいうとおりで、義満様は一段の懇志を表するために特別に参列したのであって、もちろん健康なら供奉すべきですが、体調不良のときは天下のためにもお大事にすべきでしょう」と返答した。義満は懇意だったからとして、後円融上皇の葬儀に参列した。しかし、義教は参列しなかった。つまり、義教の認識としては、「自分は後小松と懇意でない」ということだったのだろう（体調不良というのは、今も昔も便利な常套句である）。この「懇意でない」というのが、義教と後小松の個人的関係を象徴している。

かつて「足利義教の初政」という論文で明らかにしたが、将軍になって数年間の義教は、とくに公家社会や朝廷儀礼に関わる諸政務において、その知識や技量の不足に苦しんだ。もともとは将軍となる予定はなく、義円《ぎえん》という名で僧籍に身を置いてきたのが義教である。それが、籤によって突然、足利将軍家の家督を継承することとなった。義教には、将軍となるべき帝王学が決定的に欠落していた。公家社会や朝廷に関する政務に際して、嗣立直後の義教は、後年の「万人恐怖」からは想像もつかないくらいに「借りてきた猫」状態であった。そんな時期に、公武が協力して処理していくべき諸事項をテキパキと捌いていたのが後小松上皇であった。

嗣立直後の義教にとって、後小松は「自分ができないことを簡単にやってのける人物」だったのであり、それが義教のコンプレックスを刺激した。晩年の義教の「万人恐怖」を見ていると、嗣立直後のコンプレックスを死ぬまで克服できなかったようだ。というのも、義教に多くの貴族が処分されたことは著名な事実だが、処分された貴族たちには明確な傾向があり、ほとんどが「名家」と呼ばれる家格の者たちだったという分析があるからである。名家層は中世前期から中世後期へという歴史の展開のなかで、その存在感を上昇させ、「武家伝奏」として公家社会や天皇家と足利将軍家家長の間を取り結んでいた。必然的に、「借りてきた猫」状態だった義教の指南役のような役割も担っていたものと思われるが、そのような名家層を晩年の義教は大量に処分したのである。義教治世初期に伝奏として発言力を有した勧修寺経興《つねおき》などの能吏は、次々と失脚させられていった。

おそらく義教にとって、未熟で何もできなかった嗣立直後の時期の諸政務を公家社会で切り盛りしていた面々は、彼の劣等感を刺激する存在以外の何ものでもなかったのであろう。そして、その代表格こそ後小松上皇だったのではあるまいか。

義教は、天皇家を支えるという枠組み自体は遵守していたが、義持と違って後小松上皇との個人的関係は微妙なものであったのである。

第二章　義教と伏見宮家

伏見宮貞成親王との関係

義教と後小松上皇との関係は一筋縄でいかないものであったが、一方で、義教がとても懇意にしていた人物もいる。後花園天皇の実父である伏見宮貞成親王である。両者の関係が伝わるエピソードをいくつか紹介していく。

まずは、貞成の実子で、後小松の猶子として即位した後花園天皇が、即位儀礼の一環として御禊行幸を遂げたときの一齣を見てみよう。御禊行幸の翌日、義教のもとへと挨拶に赴いた貞成は、「御会所に参上し、端っこに座って待っていたら、主人（義教）がやってきて端に座り、私に奥座に座るよう促してきた。恐れ多いことではあったが、何度も仰るので奥に座った」と書き記している。実はこの日が、貞成と義教の初対面であった。その場で義教は、再三にわたり奥座に座すよう促す一方で、自らは「端方」に座した。貞成を上座に誘導したのである。躊躇する貞成も、再三にわたる義教の申し出を断り切れず、遠慮がちに上座に着席した。

このような義教のスタンスは、御禊行幸直後の特別措置ではなく、終生一貫していた。永享七年にも貞成は義教邸を訪れているが、このときについても、「主人（義教）がお出ましになったのでご挨拶申し上げた。私は奥座に座り、主人は関白と相対して着座された」と書き記されている。貞成を上座に通し、義教は二条持基と並んで位置したのである。義教は自邸に貞成が光臨すると、必ず自らの上座に遇したのである。

永享九年には、次のような事例もある。当時においては、正月儀礼の一環として公家衆や僧衆などが足利将軍家家長のもとへ年賀に訪れる習慣があった。貞成も、建前上はただの親王なので、年始の室町殿参賀を怠らず、この年も室町殿の公卿座で待機していた。やがて面会すべく会所《かいしょ》に通されたのだが、そのとき義教は縁に立って貞成のことを待ち受けており、貞成を先に入室するよう誘導した。そして義教が着座して、貞成も定式通りに慶賀した。ここで重視すべきは、義教が貞成の室町殿参賀に際して、貞成を御会所の縁まで出迎えているという事実である。わざわざ出迎えに上がっているのだから、義教は慇懃な態度で貞成をもてなしたといえるだろう。また、永享六年の年始室町殿参賀では、慶賀ののち、義教は自ら丁重に貞成を軒先までお見送りしている。

貞成が義教邸を訪問する室町殿渡御において、義教は常に貞成のことを上位者として手厚く遇していた様子をみてきた。次に、逆に義教が貞成の邸宅へと渡御したときの様子についても確認しておこう。

永享八年八月の事例をみてみると、「（義教の）御車が四足門《よつあしもん》に到着した。飛鳥井《あすかい》などは中門外で、殿上人は四足門外で蹲踞《そんきょ》している。私は会所の縁でお持ち申し上げ、客人（義教）が光臨すると着座した」と記されており、貞成も義教の来訪時には自ら縁まで出迎えていたようである。しかし、それはあくまで貞成側の意図であり、義教の本意に叶うものではなかった。

永享七年十二月の事例では、使者の滋野井《しげのい》実勝《さねかつ》を介して、義教は貞成に「渡御のときに、縁までお出ましになってはいけません。室内でお待ちください」と伝えている。貞成は例によって当惑し、「恐れ多いことだが、そのような指示であるなら従うよりほかない」と感想を漏らしている。この日、義教は三管領の一つである畠山氏の屋形へ、毎年恒例の初雪勧賞のための渡御に出かけていた。そこからさらに、年末の挨拶のための参内を済ませて、その次に貞成邸へと渡御する予定であったため、夜遅くなることは明らかであった。そのような事情も勘案して、義教は縁までの出迎えには及ばない旨、釘を刺したものと思われる。

義教からの訪問を受けた貞成は、後日になって「こちらからもご挨拶に赴かねば」と考え、内々に義教腹心の三条実雅《さんじょうさねまさ》に相談した。そうしたところ、義教は「恐れ多いのでご遠慮願います」と返答した。ここまでの義教のスタンスからすれば、いかにも義教らしい返答であるが、このときはそれだけで話が済まなかった。なんと、その日の夜、なんの前触れもなく義教が再び「ふと」光臨したのである。貞成は「吃驚仰天」するしかなかった。開いた口がふさがらない、というのである。

義教は一貫して、貞成に対してできるだけ気を遣わせないよう配慮し、自らへの過剰な接待も遠慮していたのである。義教は自邸に貞成が訪問するときだけでなく、自らが貞成邸へと渡御するときにおいても、貞成のことを丁重に扱おうとする姿勢を崩さなかった。互いの邸宅に訪問する場面において、義教は常に貞成を上位者としてもてなしていたといえるだろう。

貞成を贔屓する義教

義教と貞成の関係を考えるにあたっては、次のようなエピソードもある。先に後小松上皇薨去後の仙洞御所を、義教が管財していたことに触れたが、それに関連して、後小松が世を去った翌々年、義教の使者として三条実雅が貞成のもとを訪れた。用向きは、「居所が伏見（京都郊外）のままでは何かと不便でしょうから、洛中に御所を建ててさしあげましょうか。ご意向を伺いたく思います」というものであった。

崇光院の後裔で、伏見に居所を移したことにより伏見宮家と呼称されていた家の当主である貞成であったが、実子の後花園が即位し、後花園の名目上の父親である後小松上皇も鬼籍に入ったことで、「天皇の父」としての側面が強調されることも多くなった。そこで、上洛して京中に居を構えたほうがよいのではないかと義教は提案したのである。しかも、その提案とは具体的に、「旧後小松院御所を解体して、内裏のそばに移築しましょう」というものであった。

もちろん、貞成に不満などあるはずもないのだが、貞成が直接希望したのではなく、義教のほうから、

「旧仙洞御所破却のうえ、貞成の京中御所を建設しましょう」と発案したことが重要である。そして翌日には、旧後小松院御所の寝殿・対屋《たいのや》・台所などが貞成の京御所のために配分されることが決まり、貞成が居住することとなる京中御所の造営が既定路線化した。

貞成の京御所は、後小松院御所に隣接して移築されたのだが、これは単に物資の有効的再利用だけにはとどまらない意味があった。後小松は死の直前に遺書を書き残しているが、そこには自らの院御所に貞成が入ることを禁じる項目があったのである。これはすなわち、貞成が自らと同じ地位（上皇＝治天の君）に収まることを防止する意味合いがあった。後光厳流内での皇位継承を実現させるべく、彦仁を後小松の猶子にしたのに、貞成が上皇に相当することになってしまえば、皇統が崇光流に戻ったのと同じことになり、生前の努力が水泡に帰すことになる。ゆえに後小松は遺書にきつく書き残したのである。

そこで義教は、貞成が後小松院御所に入るのではなく、隣接地に主要な建物をそのまま移築して住まわせるという措置をとった。これは実態として、後小松死後の貞成が、生前の後小松と同じ立場にあることを明示したに等しい。「後花園天皇の父親は後小松ではなく貞成である」という宣言にほかならず、一般化すれば、「王家」を「後小松と後花園からなる後小松『王家』」ではなく、「貞成と後花園（彦仁）による伏見宮『王家』」に変更させたい、という義教の意志をシンボリックに表現するものであった。

これ以降、義教の貞成への奉仕は加速化していく。例えば、義教は禁裏小番を再編し、それまでは後小松仙洞の宿直を担当した番衆を、後花園内裏の番衆として付け替えた。これは、旧後小松仙洞が後花園内裏のもとに吸収されたことを意味しうる。

また、後小松生前の出来事であるが、義教は後小松院庁の「大別当」への就任を申し出て許可された。これは、院執事をつとめていた義持の立場を継承するものといえるが、注目すべきは、その際に義教は、兄義持ではなく、崇光院庁の大別当に任じられた今出川実直《さねなお》の先例を持ち出した点である。空席だった後小松院庁の大別当に義教が立候補するにあたって、崇光院の大別当に今出川実直が任じられた先例に準拠したというのはどういうことか。

単に「院別当」になるのであれば、義持の先例こそふさわしいにもかかわらず、あえて今出川実直の先例を持ち出したところに、「崇光院之大別当」という要素を重視するという義教の意図が隠されているだろう。義持の先例に則って「後小松院」の院別当になるのではなく、崇光院（貞成の祖父）皇統の院別当に自己を位置付けることを指向していたのであり、義教は後小松「王家」ではなく、伏見宮「王家」を補弼することを望んでいたと考えられないだろうか。

義教は、後小松が薨去すると貞成を事実上の上皇として位置付けるなど、伏見宮家の「王家」化を促進しようとしており、明確に後小松よりも貞成を贔屓にしていた。

後小松院の諒闇問題

　義教の貞成贔屓は、おそらく義教の個人的な感情によるものだったと思われる。しかし、個人的感情とはいえ、それが足利家家長で将軍をつとめる人物の個人的感情となれば、相応の社会的影響を持つ。というのも、当時の公武社会において、後花園天皇の基本属性を後小松「王家」の一員（後小松の猶子）とみるか、伏見宮「王家」の一員（貞成の実子）とみるかが、大きな政治的問題となっていたからである。そして実は、そのような「王家」をめぐる葛藤と、義持と同じ行動をとりながらも義満の先例を採用するという義教のあり方には、直接的な関係があるのである。

　その点を検討するにあたって、まず触れないわけにいかないのが、後小松院の諒闇問題である。すでに何度かみてきたように、後小松院は永享五年（一四三三）の十月に逝去した。そこで、即位のための手続きとして後小松の猶子となった後花園が、諒闇に服すべきかどうかで一問着があった。

後花園天皇画像　京都市・大應寺蔵

　「諒闇」とは、天皇が近親の死などに際して服す喪のなかでも、もっとも重い服喪のことをいう。諒闇に服すかどうかが、後花園にとってデリケートな意味を持った。というのも、もし後花園が諒闇に服した場合、後小松院こそ後花園天皇の「父」であるということが、名実ともに確定されるからである。逆に、服喪を見送った場合、今後は実父の貞成を名目上の父親としても位置付けるという宣言になり、いずれを採るにせよ、極言すれば、正平の一統を始点に一世紀近く燻り続けた、後光厳院流と崇光院流との対抗関係に歴史的結論を与える決断となったのである。

普通に考えれば、後花園は後小松の猶子となっていたのだから、当然のこととして服喪すべきであった。しかし、なぜか義教は「むしろそれは、逆に神慮に違うことにならないだろうか」などと言い出した。これには、義教の個人的な貞成贔屓（後小松嫌い）が影響しているものと思われる。義持期以来、主流派として後花園の即位も含む政治判断の決定を主導してきた満済は、「喪に服すのが筋でしょう」と返答した。摂関家の二条持基や一条兼良《いちじょうかねよし》など、当時における公家社会のオピニオンリーダーたちにも諮られたが、「諒闇すべきである」という意見が大勢を占めた。

義教は諒闇しないことを主張し、満済や兼良などは諒闇するよう求めた。義教は後小松を後花園の父親として位置付けたがらず、満済などは後小松を後花園の父親とするこれまでの方針を踏襲しようとしたのである。言い換えれば、義教は「貞成—後花園」という伏見宮「王家」創出を画策し、満済などは「後小松—後花園」という後小松「王家」を死守しようとしていたということになる。諒闇騒動から、当時の公武首脳には、後小松「王家」派と伏見宮「王家」派という二派の争いが存在していたことを確認できる。

繰り返しになるが、そもそもの原則からすれば、諒闇をおこなうのが当たり前である。後花園を、後継者のいなくなった後小松の猶子としたうえで即位させるという方針は、義持と後小松が称光天皇生前の応永年間（一三九四～一四二八）の段階で筋道をつけていた。そのプロセスに義教はまったく関与していない。実際に、嗣立直後の正長元年（一四二八）七月に称光天皇が臨終したとき、義教は次期天皇の擁立を、二条持基などに丸投げしている。そして持基は、後小松や満済などとともに粛々と後花園（彦仁）を後小松の猶子として迎え入れ、次期天皇とした。後小松「王家」の存続は、前代（義持期）以来の既定路線であった。

おそらく、義教個人としては、自分の与り知らないところで既定路線化していた後小松「王家」の存続が気に入らなかったのであろう。コンプレックスの強い義教らしい、感情的な判断だったものと思われる。というのも、守旧派として後小松「王家」を支持していた満済が死去した永享七年六月以降、義教の貞成贔屓（伏見宮「王家」志向）に拍車がかかるからである。例えば、先述した、後小松院御所を解体して貞成の京御所造営に着手したのは永享七年の八月のことである。また、貞成御所渡御において出迎えを断ったり、貞成御所へ義教が「ふと光臨」したのは、永享七年の十二月のことであった。

満済の死後、義教の貞成贔屓は露骨になっていく。満済や幕府宿老が相次いで没した永享七年以降、義教の凶暴さが加速化したことは、つとに指摘されるところである。さしもの義教も、満済や畠山満《みつ》家《いえ》（永享五年没）などの宿老には頭が上がらなかった。自身の個人的感情にも一定の抑制がかかっていたのだろう。満済の目が光っているうちは、伏見宮家の「王家」化にも歯止めがかかっていた。そして、永享七年に満済が死んだことによって、堰を切ったように義教の贔屓が爆発するのである。義教の贔屓は、彼個人の感情的な選択以外の何ものでもなかった。

後小松「王家」か伏見宮「王家」か

いずれにせよ、義教は伏見宮「王家」支持派であった。そのような義教の立場を鑑みれば、彼が義持ではなく義満の先例に自らをなぞらえたことにも、整合的な理由を与えられる。義教の指向とは、【後小松（父）と称光（子）による「王家」を、義持が執事として支える】というのと同じ関係を、【貞成（父）と後花園（子）による「王家」を、義教が執事として支える】として再生産しようとするところにあった。逆にいえば、義教は後小松「王家」を抹消したかったのであり、そのためには、治天の君として後小松「王家」の存在を体現していた後小松上皇の存在を相対化する必要があった。そして、後小松や治天の君としての後小松上皇を相対化しようと思えば、それを執事として支えた義持の記憶を社会から消し去らなければならなかった。つまり、義教は義持の記憶（＝先例）を忌避していたのである。

例えば、永享二年の十月、大嘗会の官司行幸に関する記事のなかで、万里小路時房という公卿は、「応永の先例（＝義持時代の先例）は、義教様が望むところではないかもしれないが」との一文を書き残している。そして、義持の先例を後景に退かせようとするならば、必然的に義満の先例を前景に押し出すことになる。義教が義満の先例に自らなぞらえたメカニズムとは、このようなものであった。とはいえ、義教が義満の先例を採用したのは、すでに論じたように、義教個人の判断というより、義教を公家儀で振る舞わせようとする満済の方針などによる影響が強い。しかし、その満済は後小松「王家」派であり、だとすれば、後小松上皇の社会的記憶が相対化されるというのは不都合であったはずである。にもかかわらず、なぜ満済をはじめとする後小松「王家」派も、義満の先例の強調を是認したのであろうか。

まず、確認しなければならないのは、ここまで「義満の先例」としてきたものは、「義満の時代の先例」という意味であって、必ずしも義満だけが強調されるわけでもなかったという点である。

永享四年十二月、後花園天皇元服儀の御祈御修法《みすほ》が「至徳例」に則って修された。至徳とは義満期の年号であり、義満の先例ともいえるが、貞成親王はこのときの様子を、「すべてが現在の上皇（後小松）が元服されたときに修された祈祷の先例による」と書き記している。この場合の「至徳例」とは、義満の先例としてではなく、後小松天皇の佳例という意識なのである。貞成親王は、この後花園元服当日の様相についても、「本日の元服儀については、あれこれ建長・至徳の佳例によって挙行された」と記している。建長とは、持明院統の祖に相当する後深草《ごふかくさ》天皇が元服したときの先例であり、至徳は後小松天皇の先例となる。後花園天皇の元服が、これらの先例にもとづいて挙行された目的は、持明院統、なかでも後光厳流の正当的継承者として後花園天皇を演出することにあったと判断できる。「後花園天皇は、持明院統のなかでも後光厳流の後小松天皇に関する先例を意識する存在である」と社会的に喧伝されたといえる。

改めて確認すると、満済や諒闇に賛成した一条兼良などの守旧派の方針は、【後小松（父）と称光（子）による「王家」を、義持が執事として支える】というのと同じ関係を、【後小松（父）と後花園（子）による「王家」を、義教が執事として支える】として再生産しようとするものであった。そのような指向性を持つ守旧派にとって、不都合なのは称光天皇という存在の記憶が社会に残り続けることである。実子である称光天皇の社会的記憶が強く残れば、猶子にすぎない後花園としては、その後継者たる正当性が相対化されかねない。ゆえに、守旧派の立場としては、称光天皇の記憶を後景に退かせる必要があったものと思われる。そして、その称光天皇の治世を後見していたのが義持である。

つまり、とくに朝廷儀礼などに関して義持の先例を持ち出すということは、その時代の朝廷儀礼の主催者であった称光天皇の記憶をも呼び起こすことになるから、義持を佳例としてしまえば、称光天皇も佳例となってしまうのである。しかし、後小松の猶子であることが正当性を主張する唯一の根拠である後花園天皇にとって、称光天皇の記憶は不都合このうえないものである。後花園天皇を後小松「王家」の一員として位置付けるためには、称光天皇の記憶は極小化されなければならなかった。そのために、義持の先例も忌避せざるをえなかったのである。また、後小松「王家」を支持するということは、後花園を後小松の後継者として位置付けるということなので、その準拠先例は必然的に後小松天皇のそれということになる。そして、「至徳例」など後小松天皇の先例は、同時に、義満が左大臣などの立場で朝儀に尽力していた頃の先例となるのである。

ところで、満済が義教の準拠先例として義満の先例を採用させた背景に、義教を公家儀で振る舞わせようという目的があったことを前章で触れた。そして、義教が準拠した義満の先例には時期的偏差があり、義満出家以前の先例に集中することについてもすでに説明した。この点についても触れておきたい。

繰り返しになるが、満済など守旧派としては、後花園を後小松の後継者として演出するべく後小松天皇の先例を重視する必要があり、必然的に朝儀においては義満時代の先例が多く採用された。その一方で忘れてはいけないのが、ここまでの行論でも明らかなように、義教の立ち位置は、あくまで「王家」の執事であり、実態として義持の行動を継承させることにあった。

そこには広汎な社会的合意があったらしく、管見の限り、義教が王家の「執事」として行動することを批判的に捉える言説は史料上確認できない。その場合、義教の政治的立場は、あくまで「准現任摂関」などの立場であり、準拠先例は摂関家の先例であった。それはつまり、出家以降の義満のように、上皇のような立場では振る舞わない、ということである。となれば、いくら後小松天皇の先例を踏襲すべく義満の先例を採用するといっても、義満が事実上の上皇化を遂げた応永年間（＝出家以後）

の先例では具合が悪い。必然的に、採用される義満の先例は、義満が摂関家家格の公家として振る舞っていた応永以前の先例に集中することとなるのである。

やや難しく理屈をこね回すこととなったが、要するに、治天の君としての後小松上皇の社会的記憶を相対化させたい伏見宮「王家」派の義教にとっても、称光天皇の社会的記憶を相対化させたい後小松「王家」派にとっても、義持先例は忌避すべきものであり、義満の先例が歓迎されたということである。実態としては義持の行動を踏襲しておきながら、義満先例を重視するという矛盾したあり方は、以上のような、後小松「王家」派と伏見宮「王家」派の同床異夢によって生み出されたといえるだろう。

以上、本章では義教が義満の先例に準えながらも、実態としては義持の行動を継承していたこと、それは「王家」の執事として北朝天皇家を支えるというものであったことを述べた。足利将軍家と北朝天皇家の蜜月関係は、直義の時代より一貫していた。その蜜月関係とは、「将軍が天皇を支えるという構造」と言い換えられる。足利将軍家は幕府草創以来、ずっと北朝天皇家を支えていたのである。このように述べてくると、ここで大きな疑問が湧いてくるであろう。すなわち、なぜ足利将軍家は北朝天皇家を支えたのだろうか、という疑問である。実は、この疑問のなかにこそ、足利将軍家という武家の棟梁の持つ宿命が隠されている。最後、第四部において、論じていきたい。

第四部　室町期公武関係の成立要因

第一章　南北朝内乱と足利将軍家

前部までで、足利将軍家と北朝天皇家には蜜月関係が構築されており、将軍が天皇を支えるという構図が一貫して存続していたことを述べた。では、なぜ足利将軍家は北朝天皇家の輔弼役として自らを位置付けなければならなかったのだろうか。前代（鎌倉時代）からの歴史的展開の中から解いていきたい。

足利将軍家家長が北朝天皇家を支えることとなった要因は、室町幕府という政治権力が形成された歴史展開のなかに見出しうる。ゆえに、まず検討が求められるのは、足利将軍家が室町幕府成立以前に置かれていた立場、足利将軍家の家としての歴史の確認である。

鎌倉幕府体制下の足利家

鎌倉幕府体制下で、足利家がどのような消長を遂げていたのかに関する研究は、これまでも連綿と続けられてきたが、近年になって、それらの成果が手に取りやすいかたちで出版されている。それら先学に従い、足利家の歴史を概観すると、源義家の子どもである源義国《よしくに》は、十一世紀末から十二世紀初頭にかけての時期に関東に下向したという。源頼朝の先祖でもある源義家は、後三年の役などでの武功で有名だが、源氏も平氏も、この時代には基本的に都を拠点としており、天皇家や摂関家などの庇護下に入り、種々の奉仕をしながら、その勢力を拡張していた。

それらの都の名門軍事貴族は、積極的に半土着化することで、在地社会における存在感を高めていった。源義国の下向も、そのようなムーブメントの一端であろうが、彼とその一族は、のちに「足利荘」と呼ばれることとなる地域において勢力を拡大していた藤姓《とうせい》足利氏（藤姓足利氏と区別するために、のちの足利将軍家は源姓《げんせい》足利氏と呼ばれることもある）との主従関係を形成した。義国は十二世紀初頭に再び都に戻り、鳥羽院《とばいん》の北面《ほくめん》に仕えるなどしつつ、足利荘の立荘を中央権力に働きかけるなどした。

そこから少し時代は下り、義国の孫である義兼《よしかね》の代のこと。世はいわゆる源平合戦の激戦期。もと

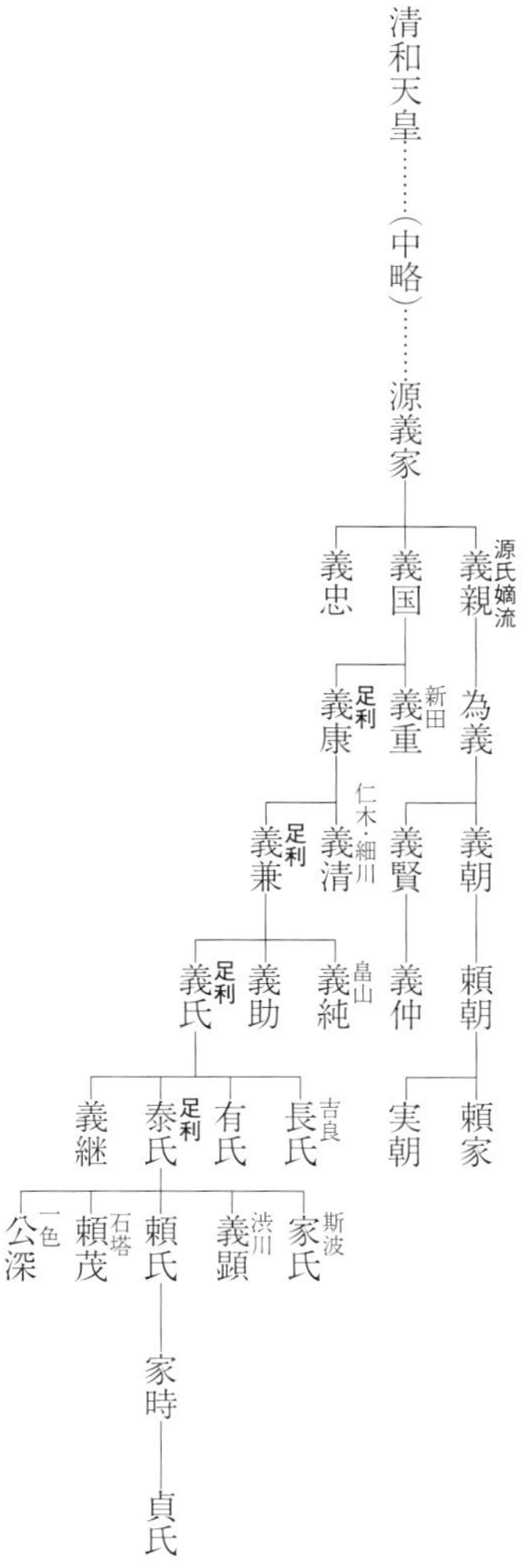

系図６　足利氏略系図（２）

もとの在地勢力である藤姓足利氏は、いったんは頼朝に帰順しながらも、養和元年(一一八一)にいたって離反した。対して義兼は、ライバル関係にあった異母兄義清《よしきよ》が木曾義仲《きそよしなか》派についたことへの対抗上、頼朝派となった。これにより、源姓足利氏は頼朝から厚遇されるようになる。なお、義兼と義清の対抗関係は、義清が足利荘に隣接する簗田御厨《やなだみくりや》への権益拡大を目論んだことにより招来されたらしい。ともあれ、治承・寿永の内乱の展開のなかで、藤姓足利氏や源義清の没落にともない、源姓足利氏は、足利荘やその近隣における利権を握ることとなり、「足利荘」を名字の地とした足利氏が成立することとなった。

義兼は頼朝の厚遇を得て勢力を伸張させたわけだが、その子孫たちも、鎌倉幕府体制下で一定の勢威を維持していく。義兼の子である足利義氏《よしうじ》は、その娘を自らの妻に迎えるなど、北条泰時《ほうじょうやすとき》と政治的に連携しつつ、幕府中枢への進出を果たす。その背景には、新田氏を庇護下に置いたことによって、北関東に強大な軍事基盤を擁するにいたっていたことがあったとされる。やがて足利氏は、政所別当として「関東宿老」と称されるようになり、北条氏と並び立ちうる政治的地位を構築していたのである。

しかし、足利氏の発言力があまりにも大きくなることは、北条得宗《とくそう》家にとっては不都合であった。そして、足利家のように北条得宗家にとって不都合になった存在が次々と陰湿な手段によって粛清されていく過程が、鎌倉幕府の歴史といっても過言ではない。暗い影は足利氏にも忍び寄る。義氏の子である泰氏《やすうじ》は、三浦・千葉残党によるクーデターへの加担を疑われ、連座を免れるべく出家を余儀なくされた。泰氏の子の頼氏《よりうじ》は、母が北条得宗家出身だったこともあり、優遇されて家格を維持したが、その裏には、将軍が摂家将軍から親王将軍へと変更されたことで、その副作用が表面化していたという時代背景がある。伝統的権威溢れる天皇家一族の親王が将軍として下向してきたことにより、反北条氏勢力の結集軸として機能するようになっていたのである。親王将軍の一人歩きを掣肘すべく、北条氏は「将軍とは本来源氏であるべき」との源氏将軍観を喧伝した。その源氏将軍観浮揚策に、源氏の名門である足利家は積極的に協力することで、北条得宗家との信頼を再構築したという。

とはいえ、やはり北条氏にとって名門足利氏は、いつ危険分子となるかわからない不安要素である。続く足利家時《いえとき》は自殺に追い込まれた。表面上は北条時宗《ときむね》への殉死と位置付けられたが、親王将軍掣肘のために源氏将軍観を高揚させた結果、むしろ足利家のほうが北条氏より幕府主導者としてふさわしいという価値観が見え隠れするようになったことを、北条得宗家が危険視したことで自殺を余儀なくされたというのが真相だといわれている。

なお、この家時は有名な「置文《おきぶみ》」を残している。室町時代になって今川了俊《いまがわりょうしゅん》によって編まれた『難太平記《なんたいへいき》』には、「七代の子孫に生まれ変わって天下をとる」と書き遺した源義家置文というものがあったが、その「七代の子孫」に相当する家時は、右で見たような事情もあり、「時が未だ至っていない。我が身を縮めて、三代子孫に託す」との遺書を残したという。その三代後の子孫こそ尊氏であるというのだ。事の真偽はともあれ、家時の時代の足利家が、難しい立場にあったことは間違いなかろう。

尊氏の父親である足利貞氏《さだうじ》の時代にも、足利氏は斜陽の時代とされることが多く、貞氏は保身を図るのが精一杯だったともいわれる。ただ近年では、北条氏は得宗家にとってコントロールがたやすい足利氏を源氏嫡流化しようとしており、尊氏の兄である高義《たかよし》が源氏嫡流伝統の「義」を名乗っていることがその証左だとする説もある。

いずれにせよ、近年の研究成果によって、従来いわれていたほど足利氏が右肩下がりに苦しい立場に追いやられていたわけではないことが明らかになりつつあるが、そうであったとしても、鎌倉幕府前期に最高家格相当にあった足利氏が、徐々に逼塞あるいは停滞していき、幕府政治内での現実的発言力を失っていったという趨勢は認められるところであろう。そして、そのような足利氏の毀誉褒貶は、すべて源義家の弟（源頼義《よりよし》の子）を先祖とする足利氏の血脈的属性がもたらしたものといえる。源氏（頼義を嚢祖とする河内源氏）の嫡流ではないが、先祖を辿ればそこに限りなく近づく一族という基本的な属性こそ、その後の足利将軍家や室町幕府の歴史的転変を考える鍵となる。

足利氏にとって、その運命が大きく旋回したのが、いうまでもなく、後醍醐天皇による鎌倉幕府倒幕戦争である。

鎌倉幕府倒幕と旋回する運命

鎌倉時代後期、天皇家は持明院統と大覚寺統という二つの皇統に分裂していた。両統の皇位争いは朝廷内ではもはや収拾不可能となってしまい、両統ともに自統の皇位継承を実現すべく、調整役を押しつけられていた鎌倉幕府にロビー活動を展開するようになった。できるだけ余計な争いに首を突っ込みたくない幕府としては、両統迭立《りょうとうてつりつ》、つまり交互に両統で皇位をキャッチボールするようにとの方針を示した。そのような前提のもとで即位したのが後醍醐である。しかし、大覚寺統の後醍醐は、大覚寺統内部における嫡統でもなかった。後二条《ごにじょう》天皇の健康問題等々でスムーズな嫡流継統ができなかったがゆえの中継ぎである。

時代は、後醍醐がそのような中継ぎとしての立場を甘受せず、自らの子孫に皇位を継承させる手立てを考えたことによって急旋回する。後醍醐の結論は、そもそもの両統迭立方針を葬り去るしかない、そのためには両統迭立方針の発案者である幕府を滅ぼす必要がある、というものであった。

後醍醐による倒幕計画は、二度にわたり露顕した。一度目は正中の変と呼称される事件で、日野資朝《すけとも》や日野俊基《としもと》などと無礼講《ぶれいこう》による宴会に紛れて倒幕計画を練っていたところ、土岐頼員《よりかず》に密告される。しかし、相手は天皇、ことを穏便に処理したかった幕府は、後醍醐を免罪としたうえで、日野資朝を佐渡に流罪するなどして責任を取らせた。

鎌倉幕府の誤算は、後醍醐がこれくらいで懲りるような小心者ではなかったことである。その七年後には、元弘の変と呼称される事件を引き起こす。やはり倒幕計画を実行しようとするものであり、それに気付いた吉田定房《さだふさ》が諫奏《かんそう》するも、それを後醍醐は無視したため、窮した定房が幕府へ密告することで、幕府の知るところとなった。さすがに自らへの直接的処分が不可避と理解したのだろう、後醍醐は三種の神器を肌身離さず携帯しながら、奈良から笠置へと逃走して精一杯の抵抗をしたが、あえなく隠岐へと流罪となった。

それでも、時代は後醍醐に味方した。十四世紀前半の世の中には、御家人制度を基軸とする鎌倉幕府では処理できない事項が、あまりにも増えすぎていた。幕府政治は機能不全に陥っており、反幕府勢力（厳密には、北条得宗家が主導する政治の排除を願う勢力）が後醍醐を支持した。やがて後醍醐は隠岐からの脱出に成功し、楠《くすの》木《き》正成《まさしげ》や護良《もりよし》親王、さらには赤松円心《あかまつえんしん》や名《な》和《わ》長年《ながとし》などの協力を得て、鎌倉幕府との全面対決に突入する。幕府も追討のための大軍を派遣し、その大将の一人が尊氏であった。足利家が追討軍大将の一人として京都を目指すのは、承久の乱を先例にしたものであったという。

ともあれ、ここで尊氏は鎌倉幕府を裏切った。軌を一にするように、東国では新田《にった》義貞《よしさだ》が挙兵した。雪崩を打ったように、北条得宗家を事実上の首班とする東国所在の政権は滅亡することとなり、北条氏も残党を残し、消えてなくなった。北条得宗家が滅んだことで、鎌倉時代の前期には北条氏と肩を並べるような位置にあった足利家の地位が、繰り上がって最上位となった。

後醍醐倒幕軍に合流することで、足利家は時代のトップランナーとなったのである。しかし、後醍醐との協調関係は長く続かなかった。二条河原落書《にじょうがわららくしょ》で「このごろ都に流行るもの」として失政を列挙されたように、後醍醐親政（建武の新政）は社会の歪みを先鋭化させてしまい、求心力を失っていく。

それとともに、政権内部の権力争いが事態をいっそう困難なものとした。

キーマンは護良親王。政権発足直後に征夷大将軍に任じられた護良親王が解任され、内乱期に乱発した軍勢動員の令旨《りょうじ》が無効化されたのである。もともと護良親王には、尊氏を打倒しようとしているとの噂が付いて回っていた。そして、ついに親王は、結城親光《ゆうきちかみつ》と名和長年によって捕縛され、尊氏預かりとなり、鎌倉にいた直義のもとへと送置されることとなった。護良は、元弘の変で後醍醐勢力の大将格として転戦するなど、元来の性分として武的気質が強く、尊氏と役割が重複することも多かった。尊氏にとっては目の上のたんこぶであり、後醍醐は護良よりも尊氏を選んだことになる。

足利尊氏画像　広島県尾道市・浄土寺蔵　写真撮影：村上宏治

それでも、後醍醐と尊氏の関係は好転しなかった。建武二年（一三三五）六月、関東申次《かんとうもうしつぎ》をつとめ、権大納言という朝廷の重職にあった西園寺公宗《きんむね》が謀反を企てるという事件が発覚した。公宗の謀反そのものはさほど大規模なものとならなかったが、関東申次として鎌倉幕府との窓口役を担ってきた人脈によるものなのか、公宗は北条残党と結託しており、それが北条残党の糾合を促進した。

翌月には、北条時行《ときゆき》を首班とする中先代の乱が信濃で起きた。鎌倉にいた直義が迎撃に向かったが、あえなく敗戦すると、尊氏は直義救援のために東下を決意する。しかし、後醍醐は尊氏の東下を認めず、尊氏は非公認のまま出撃することとなった。事態の進展をみて、後醍醐は事後的に尊氏の東下を追認するとともに、鎮圧後の帰京を命じたが、尊氏の帰京に直義が反対し、尊氏も直義の判断に従った。これにより尊氏は、「帰京するように」との綸旨《りんじ》に公然と逆らった謀反人との烙印を押されることとなる。

北条得宗家が事実上の滅亡に至ったことで、繰り上がり的に武家の長となった足利将軍家であったが、やがて後醍醐と決別し、謀反人化する。源氏の名門とはいえ、もともと鎌倉時代においては一御家人にすぎなくなっていた足利家であったが、建武政権誕生の混乱により、後醍醐天皇と決別することで、謀反人扱いまで受けることとなったのである。

光厳院宣の獲得と南朝との戦い

後醍醐政権への謀反軍となった足利軍は、どのように局面を打開し、その結果、どのような課題を背負うことになったのだろうか。

後醍醐政権と本格的に争うこととなった尊氏率いる足利軍は、全面衝突を控えて、いくつかの布石を打つ。まずは、倒幕戦争を通じて所領を没収された北条与党に対して、所領を返付する旨を表明した（元弘没収地返付令《げんこうぼっしゅうちへんぷれい》）。これは、反建武政権勢力を自らの味方に引き入れるための施策で、徳政令《とくせいれい》（元ある姿＝あるべき姿に現状を復古させる）のような要素を帯びている。また、各方面における司令官を一門などから選定した。これがやがて、守護制度の原型になっていくとの評価もある。そして、何よりも重要なのは、大覚寺統の後醍醐天皇と対決するにあたって、正当性の部分で不利益を被らないために、持明院統を担ぎ出したことである。光厳上皇にアクセスし、その院宣を獲得することで、朝敵のレッテルから解放されることとなったのである。

後醍醐軍と開戦してしばらく、尊氏軍は順調だった。建武二年十二月には新田義貞を竹之下の戦いで敗走させると、年末には京都に迫り、千種忠顕《ちぐさただあき》、結城親光、名和長年、新田義貞といった迎撃軍を蹴散らした。ところが、年が明けて建武三年正月になると、雲行きが変わる。正月の糺河原《ただすがわら》合戦で東北から救援に駆けつけた義良《のりよし》親王および北畠顕家《あきいえ》の軍勢に敗れると、二月には摂津打出浜《うちでのはま》や豊島河《てしまがわ》原《ら》の合戦で、新田義貞や楠木正成を相手に一敗地に塗れた。

いったん九州にまで落ち延びた尊氏軍は、そこで体勢を立て直し、多々良浜《たたらはま》合戦に大勝。敗勢から一転して、一気に京都を目指すこととなる。楠木正成が敗死したことで有名な湊川《みなとがわ》合戦は、その途次での出来事である。正成の戦死が与えた影響は甚大で、五月末に後醍醐は神器を奉じて比叡山へと逃れた。追いかけるように尊氏軍は入京し、ここに光厳院政が開始する。まもなく、北朝の天皇として光明天皇の践祚が実現した。その後、三種の神器をめぐる種々の駆け引きを繰り返しつつ、十二月には後醍醐が三種の神器を携えたまま京都から退去し、吉野を拠点とした。南朝の誕生である。

よく言われるように、南北朝の争いは、早々に実質的な決着がついた。暦応二年（一三三八）に最後に残った新田義貞も戦死し、その翌年には後醍醐本人も逝去した。しかし、南北朝の争いには、観応の擾乱という、泥沼のような延長戦が用意されていた。幕府内部で尊氏と直義、厳密には尊氏や高師直を旗印とする勢力と、直義を旗印とする勢力が、二分して衝突を繰り返すこととなったのである。その過程で、「敵の敵は味方」の論理で、何度か斜陽化した南朝勢力が浮上し、北朝や幕府首脳を悩ませた。

義満の時代に南北朝の合一がなされ、表向きには南朝なる存在は消滅することとなる。それでも室町時代を通じて、南朝残党（後南朝）は間欠泉的に幕府や北朝を脅かしたことは本書ですでに説明したが、そのメカニズムは、この観応の擾乱においてすでに発露している。すなわち、幕府で内部抗争が勃発すると、劣勢派が南朝を奉じて事態の打開を図り、それにともない瞬間的に南朝系勢力が復権するというメカニズムである。反南朝軍（＝尊氏軍）が光厳院宣を奉じて北朝軍化することによって正当化されたように、南朝もまた、反北朝（足利）軍を正当化する機能を持っていたのである。敵の敵は味方の論理が無限再生産されることで、室町時代を通じて旗印としての南朝は延命され続けた。そして、その南朝の影が幕府（足利将軍家）のあり方を根本的に規定していく。

将軍権力の確立に必要な装置

ともあれ、足利将軍家を首班とする新たな幕府（室町幕府）は、総体としては、南朝との争いに明け暮れながらも、一定の優位性を確保するに至った。しかし、そうなると次には、幕府内部が騒がしくなる。共通の敵がいなくなると、次は内部における主導権争いが発生するのは、人類に普遍の現象といえるだろう。

とくに、尊氏が延文三年（一三五八）に死去すると、その地位を継承した義詮は、幕府内部の内訌に悩まされた。延文五年に仁木義長《にっきよしなが》が細川清氏《きようじ》、土岐頼康《よりやす》、佐々木道誉《どうよ》といった面々と対立して南朝に投降したことを皮切りに、次々と有力守護同士の抗争が繰り返された。康安元年（一三六一）には細川清氏が佐々木道誉と対立して南朝へ降り、挙げ句の果てには、阿波で同族の細川頼之の手によって討たれてしまう。さらに貞治五年（一三六六）には、斯波高経《しばたかつね》・義将《よしゆき》親子が赤松則祐《そくゆう》や佐々木道誉との軋轢の末に失脚し、領国へと下向する。その斯波父子が復権を遂げたのが、著名な康暦の政変である。義詮死後の康暦元年（一三七九）の出来事だが、これによって細川頼之が没落し、義満が自立する。この時期になって、守護同士の内訌はようやく沈静化する。

南朝退勢後の幕府内部では、守護大名同士の相克が激化していた。以上のような歴史的段階における足利将軍家家長（とくに義詮）に与えられた命題とは、将軍権力（あるいは権威）の確立であった。その具体的な対応として注目されてきたのは、「御前沙汰《ごぜんざた》」の登場である。それまでの訴訟は、鎌倉幕府以来、引付《ひきつけ》という審理期間で理非判断を下してきた。それに対し義詮は、証拠文書を持って義詮に訴えれば、まずはそれを認める、反論はその後に受け付ける、という方針を打ち出した。将軍が即決するのであり、証拠文書を重視する以上、寺社本所領《じしゃほんじょりょう》が保護されるという裁決がほとんどであった。将軍親裁によって、将軍権威の強化がもたらされたと評価されている。

また、将軍以外の有力守護にとっても、いい加減、将軍権威には揺るぎのないものとなってもらわないと都合が悪かった。というのも、南北朝激戦期には、共通の敵を目の前にしてそれなりに一致団結していた幕府軍も、貞治二年（一三六三）に山名と大内の両氏が帰順し、相対的な安定がもたらされると、内部における勢力関係の整序が課題となってきたからである。その整序を力ずくで断行しようとするのが守護同士の相克だったわけだが、いつまでも「殴り合いでカタをつけよう」というわけにはいかないので、一定の秩序の形成が求められた。そのためには、その秩序の頂点たる将軍の権威を安定させることが必要不可欠だったのである。

南朝勢力という当面の危機が去ると、幕府（北朝勢力）内部の権力争いが激化する。それを平和裡に整序するために、将軍権威の確立が大命題となっていたのである。「将軍の言うことだから甘受せざるをえない」という価値観を有力守護たちが共有すれば、剥き出しの暴力に頼ることなく、秩序が形成されるのである。

では、足利将軍家が、ほかの有力武士から超越した権威的存在として認められるためには、どのような装置が必要だったのだろうか。この点を追求したのが川合康氏である。氏によれば、足利尊氏が室町幕府の首班になりえた理由は、源頼義の子孫であるという「貴種性」にあったという。しかし、源氏の血を継ぐのは足利将軍家だけではなく、摂津源氏、河内源氏、大和源氏などもいたし、河内源氏のなかでも足利氏は嫡流でもなんでもなかった。また、そもそも足利氏は、鎌倉時代には頼朝によって御家人化されていた。あたかも足利将軍家が源氏嫡流であるかのような言説は、足利将軍家が意図的に創出したフィクションであったという。さらに、先にも触れた家時置文のエピソードについても、使われている言葉の概念などからして、足利将軍家が室町幕府首班になって以降に創出されたものであり、源氏嫡流に足利将軍家を位置付けるための工作（創作）にほかならないと断じた。

足利将軍家による源氏嫡流化工作は、幾重にも重ねられた。例えば、足利家重代の鎧とされる「御小袖」は、『梅松論』や『太平記』において「八幡殿御具足」と記され、源義家と足利家を結びつける装置であったとされる。足利将軍家は、そもそも北条氏に次ぐ、せいぜい二番手の御家人にすぎなかった。それが、南北朝動乱の歴史的展開の中で武家の棟梁に押し出されることとなった。しかし、あくまでそれは、現実が先行する歴史的展開の所産にすぎず、将軍権力や権威は未確立の状態が続いた。そこで、その棟梁としての正当性を確立する必要に迫られると、源氏の血筋を前面に押し出すことになった。それによって権力争いから超越化することを目指したのである。

とはいえ、結論から述べれば、その手法には致命的な限界があった。実は、本書第一部では直義と義満を取り上げたが、あえて義詮には触れなかった。それは、義詮こそ、源氏の血脈によって権威化するという手法の欠陥を突きつけられた将軍であり、それへの対応策が、義満以降の足利将軍家家長のあり方に決定的な影響を与えたからである。前部までで述べた、「足利将軍家家長が北朝天皇家を支える」という構図は、義詮によって既定路線化されたものであり、そのような構図が生み出された背景は、義詮期の公武関係を分析することで明らかになるのである。

源氏の先例を意識

足利将軍家が室町幕府の首班として、いかに超越性を確保していくか。その方向性が明確になったのは義詮期と思われる。実は、将軍家と天皇家の関係も、その脈絡のなかで固定化していったと考えられるのだが、鍵となるのは先例認識である。

貞治六年（一三六七）、キャリアも晩年にさしかかった義詮は、中殿御会《ちゅうでんぎょえ》の場に姿を現した。中殿御会とは、内裏の清涼殿《せいりょうでん》（中殿）でおこなわれた和歌管絃の会のことで、天皇が臨席する行事であり、公的性格が強かった。そのような朝廷儀礼に、幕府の将軍である足利義詮が参加したのである。その際、先例として「贈左府《ぞうさふ》」の「芳躅《ほうしょく》」が意識されたことに留意しなければならない。「増左府」とは足利尊氏のこと、「芳躅」とは「ポジティブな先例」といった意味合いである。義詮は尊氏の先例を意識しながら中殿御会に参加したのであり、当たり前のことながら、義詮とは尊氏を先例とする存在、すなわち足利尊氏の後継者だった。

ただし、中殿御会に参加するにあたって義詮が意識したのは、尊氏の先例だけではない。当時の義詮は、大納言に任じられながらも、拝賀や直衣始《のうしはじめ》といった関連諸儀礼を済ませておらず、正規の方式による参内ができない身分であった。そこで、「帯刀役人《たちはき》」のみを従者とする略式によって参内を遂げたのだが、そのあり方は「建久鎌倉右大将」の先例によって合理化された。「建久鎌倉右大将」とは源頼朝のことを指す。義詮は、尊氏の後継者であるだけでなく、源頼朝の後継者でもあることが強調されたのである。義詮を鎌倉幕府将軍家の先例を引き継ぐ存在として認識する枠組みが、当時の公武社会で共有されていたといえるだろう。

そのことは、尊氏が延文三年（一三五八）に死去したときの官位追贈をめぐるやりとりからも確認できる。追贈とは、国家の功労者などに対して、死後に官位などを贈ることであるが、生前の尊氏の極官《ごっかん》は権大納言であった。通常、追贈は極官から一〜二階級の昇進となる。権大納言を基準とした場合、「権大納言→大納言→内大臣」、あるいは権官を無視すれば「（正・権）大納言→内大臣→右大臣」になる。しかし、追贈官職の先例を探した場合、内大臣については事例がなく、右大臣だと先例が源実朝《さねとも》になるので不吉である、ということになった。結果として、尊氏には左大臣が追贈された（太政大臣という選択肢もあったようだが、「過分」として退けられた）。注目すべきは、実朝の例は不快だからという理由で右大臣が忌避されたことである。死去した当時の尊氏（足利将軍家）は、実朝の先例がすぐに想起される存在だったのである。頼朝や実朝など、源氏将軍家と足利将軍家に親近性を認める発想があったことを示していよう。

以上の検討から、義詮期の足利将軍家は源氏嫡流の後継者として、頼朝や実朝など源氏将軍家を先例として意識すべき存在であると認識されていたことが明らかになった。しかし、義詮期の足利将軍家をめぐる認識は、さらに複雑なものであった。

源氏将軍家と北条得宗家の後継者的存在

尊氏の死から七年後の貞治四年（一三六五）、赤橋登子《あかはしとうし》（義詮の母）が死去した。このときも贈位について取り沙汰され、四条隆仲《しじょうたかなか》が中原師茂《なかはらもろしげ》に先例を諮問した。それに対する師茂の返事が、弟の日記である『師守記《もろもりき》』に収められている。そこで準拠先例とされたのが、「等持院贈左府」（尊氏）と「等持寺禅尼」（上杉清子、尊氏の母）の二例であった。登子の死去においても、まず参照されたのは義詮の父祖の先例であった。

ところで、登子の死に関しては、朝廷で弔意を表すべく、雑務沙汰《ざつむさた》が停止された。雑務沙汰とは、『国史大辞典』によると「民事関係を主な内容とする訴訟のことをさす。ほかに、所領・所職などの不動産関係を内容とする所務沙汰と、謀叛・殺害・夜討・強盗・山賊・海賊などの刑事事件を内容とする検断沙汰があった」とされる。幕府関係者の死を、朝廷の政務に影響させるかどうかは、必ずしも明確にマニュアル化されていることではなかったらしく、雑務停止の日数に関する先例を師茂に諮問した。諮問を受けた師茂は、「将軍并相州母儀《そうしゅうぼぎ》」の先例を一通にまとめて返書している。「相州母儀」とは「北条得宗家家長の母」を意味するので、登子の先例として、「将軍」（鎌倉幕府の源氏将軍であろう）に加えて、北条得宗家の先例も参照されたのである。義詮の母である登子は、将軍の母だけでなく、執権の母にも連なる系譜上に位置付けられていたといえる。

師茂の勘進は、後光厳のもとにまで上申されたが、それに対して後光厳は再調査を命じた。具体的には、「鎌倉禅尼并潮音院《ちょうおんいん》禅尼時例」が抜けているので、それについても調べるように、という指示が下されたのである。「鎌倉禅尼」とは北条政子《まさこ》のことで、「潮音院禅尼」とは北条貞時《さだとき》の母を指す。

後光厳院は、登子の先例として北条政子や北条貞時母の存在を強く意識していた。

登子の死去に関する公家社会の動向を注視すると、足利将軍家の先例における系譜関係を考えるにあたっては、北条氏との関係についても留意が必要だとわかる。その点を考えるにあたって、次の事例は示唆深い。

登子の死後まもなく、朝廷は赤橋守時《もりとき》への贈位を提案した。守時は赤橋を名字としているが北条一門であり、最後の執権として歴史に名を残している。義詮の母である赤橋登子は守時の妹で、守時は義詮の伯父にあたる。その伯父に対する贈位提案に対し、義詮はなぜか乗り気でなく、最終的に守時ではなく、北条高時への贈位として受諾することとした。では、なぜ義詮は守時への贈位を受け入れなかったのであろうか。血縁的な属性を鑑みれば、高時よりも守時を重視しそうなところを、そうはしていない。

そもそも、朝廷が贈位を提案した理由には、「亡くなった登子の父親である守時の贈位について」と記されていた。「守時が登子の父親である」ということが提案の前提にあった（正しくは兄、朝廷側に認識の誤りがあったか、記主の単純なミスであろう）。それに対して義詮は感心せず、「先代一族」への贈位先例の有無を問い返した。『師守記』によると、「先代一族」の所見は存在せず、「讃岐入道」の先例をもって義詮に勘進した。讃岐入道とは尊氏の父、義詮からみて祖父にあたる足利貞氏のことである。翌日には再度の勘進があり、そこでは貞氏・直義・尊氏の先例が載せられている。問題は「先代一族」であるが、赤橋守時や北条高時への贈位に関する先例諮問であるから、北条氏のことを指すと考えるのが妥当であろう。どうやら、この「先代」に対する認識に、朝廷と義詮ですれ違いがあったようである。

例えば、貞治二年には三十三回忌を迎えた貞氏に対する追贈がおこなわれていたことから、すでにこの頃までに、足利家の先祖に対する追贈は既成事実化していたものと思われる。そして、赤橋守時（最終的に北条高時）への追贈提案がおこなわれた貞治四年は、鎌倉幕府滅亡の際に自害した両者の三十三回忌にあたる。おそらく朝廷では、足利家縁者の三十三回忌ということで、将軍家と血縁の深い守時に対する追贈提案が、半ば事務作業的になされたのであろう。しかし義詮は、同じ北条一門（「先代一族」）でも、血縁の深い守時ではなく、得宗家当主であった高時を重視したのである。つまり義詮は、より厳密に父祖貞氏と北条氏嫡流のみを、自己に関係する存在と位置付けようとしたのである。義詮期の足利将軍家とは、源氏将軍家と北条得宗家の後継者的存在として位置付けられるものだったようである。

「東国政権の長の後継者」という性格を破棄

貞治六年（一三六八）に義詮が死去したときの一齣をみてみよう。義詮が死去したことで、朝廷での公事《くじ》も停止すべきかどうか議論となった。中原師茂は、いつものように先例を調査することとなり、摂関家の有力者である近衛道嗣《このえみちつぐ》に結果を提出した。それには、準拠先例として、源頼朝・実朝・北条義時《よしとき》・泰時《やすとき》・時頼《ときより》・時宗・貞時・足利尊氏の事例が挙げられていた。ここには「源氏将軍家―北条得宗家―足利将軍家」という同列認識が確認できる。源頼義を先祖に持ち、源氏将軍家との系図的親近性があった足利将軍家は、その血縁的条件を前面に押し出して、自家を「東国政権の長の後継者」として性格づけていた。それが、室町幕府首班としての超越性確保を目的にしていたことは容易に推測できよう。

一方で、この頃の足利将軍家には、先例認識においてそれとは異なる動向が認められる。再び登子が死去した場面に戻ろう。登子の死を理由とする除服宣下《じょふくせんげ》について、師茂は足利家の先例を二条良基に注進することとなった。そのときに参照された先例は、尊氏・直義・義詮に関する三例のみであった。つまり、ここでは北条氏や頼朝の先例は注進されていないのである。この点は重要である。つまり、この時期に北条氏や源氏将軍家を組み入れない、「足利将軍家」という枠組が形成されつつあったことを示しているからである。

義詮期を通じて、源氏将軍家や北条得宗家から切り離された「足利将軍家」なる枠組が醸成されていったことについては、それを示唆するいくつかの徴証がある。具体例を挙げると、貞治二年に義詮は、中納言を経ずに権大納言へ昇進しているが、これは尊氏の先例に基づくものであり、足利将軍家固有の先例といえる。このように、義詮期には足利家にのみ通用する先例が形成されつつあったわけだが、それは義満にも継承され、深化していったと思われる。

例えば、足利将軍家の位牌には、公家社会の通例から逸脱し、戒名《かいみょう》の一部に「寺号《じごう》」を入れることとなっていたが、その契機は尊氏死去時にある。このとき、寺号を入れる作法を合理化するべく、義詮は、足利貞氏・直義・北条時頼・時宗の先例を調べさせた。そしてそれ以降、足利将軍家家長の位牌には寺号が入ることになり、それは義満にも当てはまる。しかし、義満が死去したときに位牌の書き様として参照とされたのは、尊氏と義詮の先例のみであった。

つまり、尊氏が死去した時点では、「源氏将軍家―北条得宗家」に連なる存在として足利将軍家を位置付ける認識が存在していたものの、義満死去の段階では、それらの認識が捨象され、足利将軍家固有の枠組において、先例を参照するようになったのである、その治世を通じて義詮は、足利家独自の先例、「足利将軍家」という枠組を模索し、確立したといえるだろう。この変化を一般化するならば、義詮の時代において、足利将軍家を「東国政権の政権担当者の後裔」として権威化する方策が破棄されるに至ったと意義付けられるだろう。

第二章　義詮が築いた公武関係の基調

公家化する義詮

義詮期には、「東国政権の政権担当者の後裔」という性格から足利将軍家を脱却させようという動向が確認されたわけだが、それと同時進行的に、もう一つの現象が胎動していた。

すでに触れたが、頼朝や尊氏の先例で自己の振る舞いを合理化しつつ、義詮は貞治六年（一三六七）の中殿御会に参加した。この貞治六年という年は、幕府と朝廷の関係を考えるうえで画期となる年である。小川剛生氏によると、貞治年間は、佐々木導誉や斯波高経の補佐により幕政が安定したことを背景に、義詮の文化的事績が多くなるという。それを導いたのは、二条良基である。良基は後に足利義満の公家化においても黒幕ともいえる役割を果たしたが、武家首班を公家社会に引き入れようとする良基の志向性は、すでに義詮の時代には垣間見えており、小川氏は室町期公武関係を考えるためには、義詮期を起点として考える必要があるという。貞治年間の義詮は二条良基との協調関係のもと、貞治六年の中殿御会に参会するなど、公家社会との距離を縮めつつあった。

むろん、そのような義詮の志向性が貞治年間になって突然のように発生したわけではない。尊氏の死去した直後の延文三年六月四日、義詮は二階堂円忠《にかいどうえんちゅう》を介して洞院公賢と書状のやりとりをした。円忠の書状の内容は、「義詮様の衣服について、明日までは喪服でよいとして、それ以降、内々の場では浅黄《あさぎ》の直垂《ひたたれ》でよいか。また、勅使などに対面するときは布衣《ほい》であるべきだと思うが、その場合の色はどうすればよいか」というもので、尊氏の死により足利将軍家家長となった直後の段階において、すでに義詮は「勅使と対面すべき存在」との自己認識を持っており、適切な服装について注意深く配慮するなど、公家社会の作法の中で正確に振る舞うべく苦慮していた。公家社会の秩序に規定される存在として自己を位置付けようと、能動的に努力する義詮の姿がそこにあった。

足利義詮画像　京都市・宝筺院蔵

同時に、義詮は北朝天皇家とも親しく付き合うようになっていく。例えば、貞治三年の三月九日、義詮は常在光院《じょうざいこういん》で花見を催し、同日に母の赤橋登子も上山荘で花見を楽しんだ。そこには裏辻忠季《うらつじただすえ》（大納言）が養育していた光厳皇子が招かれており、足利家と北朝天皇家との距離感がうかがえる。また、康安元年（一三六一）の二月に後光厳がのぼせて医師にかかったとき、公家社会の和気益成《わけますなり》や丹波篤直《たんばあつなお》のほかに、武家より僧医が派遣された。ここにも公武両首脳の交流が確認される。

さらに、貞治二年二月二十九日に光厳院が崩御したときには、義詮は諸大名を引き連れて後光厳院を弔問すべく参内し、対面を果たしている。その様子を見物した中原師守の記録によると、諸大名とは佐々木定詮《さだあき》や斯波義将などで、従者は七〇人前後にも及んだという。義詮は、自ら積極的に公家的教養を身につけ、正確に自己を公家社会の秩序に規定される存在として位置付けるべく心がけるとともに、北朝天皇家との昵懇関係も強化していたようだ。

貞治年間の義詮のスタンスを考えるうえで好適な素材が、任官に際しておこなう拝賀奏慶である。貞治二年の正月二十八日、義詮は大納言に昇進した。それに関連して、洞院公賢の子である洞院実夏は、中原師守に「尊氏が建武年間に参議《さんぎ》になったときの記録を教えてほしい」と諮問した。師守はさしあたり「所見なし」とするとともに、周囲に先例の有無を聞いてまわった。義詮が任官した翌閏正月の十四日条には、小槻光夏《おづきみつなつ》に問い合わせており、翌日の十五日には地下官人《じげかんじん》の中原師連《もろつら》や坂上明宗《さかのうえあきむね》にも拝賀について質問している。さらに二十二日には清原宗季《きよはらむねすえ》にも問いあわせたが、いずれも明確な所見は見つけられなかった。

尊氏の拝賀について、義詮のリアルタイムには先例が錯綜している状態であった。現在確認される史料を紐解いてみると、「装束抄《しょうぞくしょう》」なる三条西実隆《さんじょうにしさねたか》（十五世紀末の貴族で、当時の代表的文化人）の著作には、尊氏は参議任官（建武元年九月十四日）において拝賀をおこなったと書かれている。とはいえ、当日の様子などはまったくわからない。次に尊氏は、建武三年十一月二十五日に大納言に昇進しているが、それは北朝擁立直後に東寺の陣所（＝里内裏《さとだいり》）で任じられたものであり、平常時の先例としてふさわしくない。義詮本人については、観応元年（一三五一）八月に参議に任じられているが、これはまさに擾乱真っ最中のことで、義詮は拝賀を延び延びにしたまま、戦争は泥沼化していく。当然、拝賀についての議論は自然消滅したものと思われる。

尊氏が参議に任ぜられたときに拝賀を遂げて以来、尊氏と義詮の任官は南北朝動乱の激戦期であったため、拝賀を遂げる社会的状況になかったのである。そして、平時への移行が本格化する貞治二年という段階に義詮が大納言に任官するにあたって、改めて足利家が公家社会の慣習・作法に則り、拝賀を遂げる存在であるか否かの確定作業が急がれることとなった。

では、実際に義詮は大納言任官にあたって拝賀を遂げたのであろうか。これについては明確な所見は残されていない。ただ、除目《じもく》（任官儀礼）の日に参内していることは注目される。義詮が任官儀礼当日に参内したのは、いかなる理由によるのだろうか。

ここで、後代の足利将軍家家長が任官当日に参内することがあったかどうかを確認しておきたい。まず、義満が参議に任じられたときの様子をみてみると、任官儀礼の翌日に義満の自邸に勅使が到来しており、それまでは自邸で待機していたようだ。また、大納言任官に際しては、当日の様子は不詳ながら、少なくとも参内した形跡はない。

時代は飛ぶが、任官儀礼当日の様相が詳細に確認できる、十六世紀初頭に将軍足利義稙《よしたね》が三位に叙され、大納言任官を果たしたときの事例を参照すると、このとき義稙が参内した形跡はなく、上卿以下が義植の邸宅に祝辞を述べに参上している。そして、内記《ないき》や大外記《だいげき》や官務《かんむ》といった地下官人たちが、それぞれ位記《いき》、宣旨（聞書《ききがき》）、将軍宣下を義稙の許に持参している。これら後代の足利将軍家家長の事例から類推するに、基本的に任人は除目当日、参内せずに除書の到来を自邸で待ったいたようだ。義詮が除目当日に参内したことは、異例の行動だったといえる。

とはいえ、足利将軍家以外の事例もみてみると、義詮同様の行動を取っている人物がいる。やはり十六世紀初頭の事例となるが、摂関家の近衛尚通《ひさみち》が大納言に任じられるにあたり、任官宣旨が到来したのと同日に内裏と室町殿に拝賀を遂行したのである。一般的に、摂関家クラスの場合、任官儀礼とは日を改めて、大々的な儀礼的演出のもとに拝賀が遂行されたと思われるが、そのような儀礼的演出に則るには資金的な問題があったのであろう、尚通は任官当日に拝賀を遂げた。この事例を援用するならば、大納言任官に際する除目当日における義詮の参内も、事実上の簡易的な拝賀奏慶と考えることが許されよう。

もとよりそれが、故実上も「拝賀」と認定されうる行為か否かは不明ではあるものの、任官を受けてのリアクション行動を義詮が起こしたということは間違いないだろう。相対的安定を得た貞治年間、義詮は平常時における任官のあり方を模索していたのである。足利将軍家家長を「東国政権の政権担当者の後裔」として権威化する方策が破棄されようとしていたのと同時期に、義詮の公家社会への接近は加速化し、足利将軍家は公家社会の作法の中に位置付けられる存在として自己規定しつつあったのである。

減少する守護層の参内

ここまで、義詮期には足利将軍家家長が公家社会の作法・故実・ルールのなかに位置付けられるようになっていったことをみた。それに加えて強調したいのは、義詮期には同時に、武家社会と天皇家の関係にも変化がうかがえる点である。

本書第一部でも簡単に触れたが、貞治五年（一三六六）十二月十八日、義詮は観応の擾乱に際して上洛すると、それまでの公武交渉役たる足利直義と入れ替わるように、高師直以下を率いて参内を果たしている。おそらく、この事例が義詮の参内（あるいは院参）を示す初例であろうかと思うが、これ以降、義詮の参内事例が断続的に散見されるようになる。しかも、義詮の参内には、「今夜、鎌倉大納言が参内す。さしたることなし（今夜、義詮が参内した。たいした用件ではなかった）」と記されるような事例もあった。特別な用件がなくとも参内するほど、義詮は頻繁に参内するようになっていたのである。

義詮の参内事例が増える一方で、反比例するように参内事例が減少する層も存在する。尊氏存命中の康永四年（一三四五）の四月、鎌倉時代からの名族で、足利政権樹立以降も近江守護の任にあたった佐々木氏頼《うじより》が、若党《わかとう》二百騎を率いて上洛した。上洛した氏頼は、光厳上皇の仙洞御所、貴族の四条隆蔭《たかかげ》邸、尊氏邸、高師直邸、直義邸などを歴訪した。ここでは、守護大名である佐々木氏頼が院参を遂げている点を確認しておく。

次いで、尊氏が逝去した直後の事例をみておこう。延文三年（一三五八）六月二十四日、幕府として尊氏への贈位を朝廷に謝することとなった。父尊氏の死直後だけに、義詮は服喪中だったので、代わりに一門の石橋和義《いしばしかずよし》が参内することとなった。石橋和義は、多く存在した足利一門のなかでも、特に朝廷における地位を確保していたようで、「本昇殿之仁《ほんしょうでんのじん》」として、実際に後光厳天皇とも対面している。

このように、尊氏存命中やその死の直後の段階においては、将軍以外の武士が参内・院参する事例を確認することが可能である。ところが興味深いことに、それ以降は、将軍以外の武士が単独で院参や参内を遂げた事例が見えなくなるのである。典型的なのは、ここまで何度も取り上げた貞治六年の中殿御会である。このとき、山名氏清《うじきよ》以下の武士も義詮に従い参内したのだが、山名など義詮以外の守護大名たちは中門外に列居するのみで、昇殿して天皇と対面したのは義詮に限られていた。守護大名たちは、もはや参内や院参からは縁遠い存在として位置付けられるようになり、実態として、義詮期を通じて、守護大名が参内や院参した事例は管見の限り確認されなくなる。つまり、義詮期を通じて、内裏に昇殿することが許される武士は、足利将軍家家長（室町幕府将軍）に限られるとのルールが形成されるに至ったのである。

義詮は、前代の直義や、最盛期の足利将軍家家長と同じように、頻繁に参内や院参を繰り返していた。一方で、義詮の治世を通じて将軍以外の武士は天皇家と直接的に対面する機会を失っていく。これはすなわち、足利将軍家以外の武士と天皇家や朝廷社会の間に、大きな距離が作られていくことを意味する。先に佐々木氏頼や石橋和義などが参内や院参した事例をみたが、彼らは、それを遂行するのに必要な最低限の教養（故実作法）を身につけていたはずである。しかし、義詮期以降、天皇家や朝廷社会から隔離されるようになると、幕府宿老から公家流の教養が失われていく。

義持から義教の時代に管領を歴任した畠山満家には、次のようなエピソードがある。満家は、義持の臨終に際して満済とともに石清水八幡宮で籤を引くなど、義円（のちの義教）を擁立した中心人物であった。将軍嗣立直後の義教は、さまざまな儀礼的手続を一つずつ踏んでいかねばならず、かつ法体だったゆえ頭髪が伸びておらず、髪が結えるまでは元服儀礼がおこなえないということもあり、当面は公武交渉を含む種々の手続において、満家が幕府の窓口役を担っていた。

その期間の正長元年（一四二八）三月、義教の官位昇進が公武の議案にあがった。幕府側は三宝院満済が実務を取り仕切る一方で、やはり満家のゴーサインを必要とする場面も少なくなかった。そういうときには公家衆が作成した書状が満家のもとに届くのだが、当初は満済などが咀嚼してから口頭で満家に伝えていたようだ。しかし満家は、「こういう、昇進など公家的なことはよくわからない」として、「詳しいことはわかりやすく字で書いてほしい」と依頼した。そこで公家衆が作成した文面が、そのまま満家に届けられることとなったのだが、そうなったらそうなったで満家は困惑した。「こういうことは自分にはわからない。三伝奏の文面は難しすぎる」とこぼしたのである。そこで満済は、公家衆に「管領には、すべて平仮名で書いてあげてほしい」と口添えた。室町時代を通じて、足利将軍家には歴代家長が公家社会で適切に振る舞うノウハウが蓄積されていった一方で、諸大名にはそのような教養・ノウハウが身につかず、公家的教養という部分では、むしろ南北朝期以降、後退していったものと思われる。

守護と天皇の切り離し

守護大名と天皇家や朝廷社会の距離が広がったことの影響は、決して小さいものではなかった。再び時代を尊氏生前に戻そう。これも何度か触れてきたが、観応三年（一三五二）、正平一統の余波を受けて、後光厳天皇がイレギュラーに即位した。北朝天皇家の主要メンバーが根こそぎ連行されるという非常事態において、パニックになっていた公武首脳のなかで、当時の公武連絡役を担っていた勧修寺経顕《つねあき》のもとへ使者として赴いたのが佐々木導誉であった。森茂暁氏によると、このとき導誉は卓越した交渉能力を遺憾なく発揮したという。

南北朝期に皇位をめぐる動きがあると、守護大名層が裏に表に策動していた。貞和四年（一三四八）、崇光天皇が即位するにあたって、大覚寺統系の邦省《くにみ》親王が立太子《りったいし》を要求することがあった。このときには、足利直義の腹心であった上杉重能《しげよし》が暗躍して、邦省の悲願を握りつぶしたという。

これらの事例における佐々木導誉や上杉重能は、ただの伝達者にとどまらない動き方をしていたようだ。貞治年間（一三六二〜一三六八）には、南北和平の機運が断続的に高まっており、和平派のリーダーとして南朝との交渉を推進していたのが佐々木導誉だったが、導誉は少し独断専行に過ぎるところがあったらしい。南朝が示した和平の条件が、義詮の考えと大幅な食い違いがあったことで、立腹した義詮が導誉を譴責《けんせき》するということがあった。導誉による対外交渉には、導誉の個人的判断が多分に介在していたようである。当然、後光厳擁立のプロセスにおいても、導誉の裁量が少なからず含まれていたことであろう。

擾乱期には、佐々木導誉など、ある程度の裁量をもって天皇家との折衝を担当した武士がおり、皇位継承にも少なからず直接的な影響力を行使したのである。それが義教の時代になると、様相が一変している。義教が嗣立した直後に後花園天皇が即位したときの公武交渉について、その実態をみてみよう。

正長元年の七月、称光天皇が危篤に陥った。このとき、幕府のリーダー役だったのは件の畠山満家で、満済を介して義教に、「万一のときの措置はあらかじめ決めておいたほうがよい。次期天皇について、関白二条持基とよく相談してほしい」と伝達した。義教は満済に「明朝、関白（二条持基）に聞いてみるように」と返答し、持基は「たしかに事前に決めておくのは大切。ともあれ、後小松に奏聞してください」と意見すると、それを受けた義教は、「ではそうしよう。十六日に関白が院参して決めておいてくれ」と指示を出した。

これらのやりとりから、皇位継承に果たした守護大名層の役割を抽出すると、称光から後花園への皇位継承に関する公武の合意形成は、義教・後小松・持基（＋仲介役としての伝奏と満済）の間で完結的に成立しており、義教以外の守護大名については、管領畠山満家が、「皇位継承に関する諸事項についてて正式にお決めください」と要請したのみの関わり方であったということになる。

そもそも、「称光死後は後花園が後小松の猶子として即位する」というデザインは、義持と後小松とが相談したうえで既定路線化されていた確定事項であった。ここに、義持以外の守護大名の影響はいっさい確認できない。満家の要請とは、既定路線を粛々と進めるよう依頼したのみであり、その既定路線の内容さえも把握していなかった可能性もある。結局、後花園即位に関して、足利将軍家家長以外の守護大名層による直接的影響力はまったく認められないのである。

義教の時代には、将軍以外の武士が皇位継承の決定プロセスから完全に疎外されていたのであり、それは、義詮が天皇家と接近して以降、将軍以外の武士が天皇という存在から切り離されたことの証左といえるだろう。

足利将軍家による天皇家独占

ここまで、義詮期の足利将軍家に起こっていた変化を、「東国政権の長の後継者からの脱却」「足利将軍家の公家社会参入」「足利将軍家のみが天皇家にアクセスできるという秩序の形成」という三点から述べてきた。これら義詮期の三現象には、どのような連関性があるのだろうか。

貞治六年（一三六八）、三十八年の濃厚な人生に終わりが近づいていることを悟った義詮は、自らの死後の義満を思って、さまざまな布石を打った。義詮最晩年の貞治六年は、多くの有力者が義詮のもとに参向している。六月の山名時氏《ときうじ》の歓待を手始めに、八月には幕府から離反していた仁木義長が帰参を果たし、義詮のもとに招待されている。また、幕府内部の勢力争いの影響もあって、越前に引っ込んでいた斯波義将も九月には上洛する。このような儀礼的対面を通じて、死後に不穏分子となるかもしれない面々に、足利家への忠誠を誓わせたのであろう。

そして、幕府主流派の中心人物と目される細川頼之に義満の後見を託し、向後の憂いを絶ったうえで義詮は世を去った。世に「応安《おうあん》の半済令《はんぜいれい》」と称される政策は、頼之により発せられたものであるが、これには寺社本所領保護という性格がある。頼之が寺社本所領保護政策を推進した背景には、義詮の意向を遵守するという方針があったのではないかと思われる（後述）。

このように、義詮は死の直前にさまざまな施策を打っていたわけだが、ほかにも義満の地位が保たれるような置き土産を残している。それは、「義満」という名前に関するもので、実は「義満」という名前は、後光厳の宸筆《しんぴつ》に預かったものだったのである。晩年の義詮は、後光厳天皇に対して二つのお願いを託している。その一つが、義満への「叙爵事《じょしゃくのこと》」（五位に叙すこと）であり、もう一つは「名字事」であった。義詮は息子義満の将来を案じて、官位と後光厳宸筆による名付けを志願したのである。また、三条公忠という貴族の日記には、「政道については、先日より子息に譲与しているということだ」と書き記されている。死を悟った義詮は、その直前に「政道事」を義満に「譲与」していた。それでは、「政道」を「譲与」するとは、いかなる手続きを指すのだろうか。おそらくそれは、死の四日前に後光厳の勅答により、「義満政道施行」と「任左馬頭」が約束されていることを指すのであろう。

すなわち、死に際した義詮は義満への地位継承を、後光厳の勅答によって保障しようとしたのである。では、なぜそのようなまどろっこしい手続きが必要だったのだろうか。それは、当時の幕府の内部状況によるのであろう。義詮期を通じて、幕府内部では有力守護が主導権争いに明け暮れていた。義詮は治世の晩年にいたって、ようやく守護大名の権力争いの収束に一定のめどを立てたわけだが、病魔によって義満への地位移譲を余儀なくされた貞治六年当時においては、いまだ予断の許されない状況にあり、義満の地位を盤石なものとするためには、政争に巻き込まれないための超越性を、「勅答」により確保する必要があったものと考えられる。義満が将軍の座を確保できた背景には、後光厳の権威という保障装置が存在していたのである。

先に、足利将軍家以外の武士が北朝天皇家から切り離されたことを論じたが、それはすなわち、足利将軍家によって天皇権威が独占されるということを意味する。足利将軍家の公家社会への参入は、足利将軍家が北朝天皇家との関係を独占するための基盤作りといえる。義詮期を通じて、足利将軍家による北朝天皇家（＝天皇権威）独占体制が形成されていった。それは、足利将軍家を幕府内の政争から超越した存在として権威化することで、守護大名との差別化を果たすという、将軍権威確立のための政治作業だったのである。

将軍権威と北朝天皇家の相関関係

このような、将軍権威と北朝天皇家の相関関係は明徳の乱に示唆的である。明徳の乱とは、明徳二年（一三九一）に山名氏清や満幸《みつゆき》などが、室町幕府に対して起こした反乱であり、大内氏による応永の乱などとともに、有力守護の反乱を武力で鎮圧する過程において、義満は将軍権威を盤石なものとしていった。つまり、明徳の乱や応永の乱は、将軍権威確立作業の一環として位置付けられる。

そのことを示す有名なエピソードとして、『明徳記』に記された「御小袖」をめぐる義満の判断がある。明徳の乱では義満も、一応、パフォーマンス的に武装して戦場に赴いた。その際には「篠作」「二銘」「やげんおどし」といった源氏重代の重宝が着用された。一方で、「御小袖」と名付けられた鎧だけはあえて使用されなかった。義満の論理は、「御小袖は朝敵退治のときにのみ用いるものである。今回は家僕《かぼく》にすぎない山名氏の過分を誡めるためのものであって、幕府と対等に対決する朝敵などといった相手ではない」というものであった。「所詮は家僕」という発言から、将軍の超越性を誇示しようとする、義満の強烈な意図が伝わってこよう。

付言すべきは、『明徳記』によると、事の発端（口実）が、仙洞領の出雲国横田荘を山名時氏が押領《おうりょう》したことに求められていることである。押領停止を命令する何通もの御教書《みぎょうしょ》や御内書《ごないしょ》を時氏が無視したことに義満が激怒したことで、山名退治が決断されたとされる。家僕の討伐（将軍の超越性誇示）という性格のもと敢行された明徳の乱の発端は、山名氏の天皇家領押領を名目とするものであった。この一連の関係性を構造的に捉えると、足利将軍家には北朝天皇家（家領）を保護するという社会的使命があり、そこに抵触する行為に及んだ臣下は、暴力的に懲戒することもあった、ということになる。足利将軍家は、直属の部下である守護大名よりも、北朝天皇家を優先することがあった。そのような宿命を背負っていたとさえいえる。

天皇家領など、本所領（寺社や公家などの非武家＝旧勢力の所領）について、足利将軍家と、守護大名などのその他武家との間に相克があったことは、つとに指摘されてきたところである。南北朝内乱激戦期には、寺社本所領を兵粮米確保のため守護などに預け置くことで、幕府軍は味方を確保した。

本来、朝儀の費用は寺社本所領荘園からの年貢で賄われていた。その本所領荘園年貢を兵粮米として収奪することが公認されたのだから、朝儀のための費用は著しく欠乏することとなる。その代償として、足利将軍家は朝儀遂行費用として「武家《ぶけ》訪《とぶらい》」と呼ばれる寄附を繰り返した。そして、南北朝内乱が安定期にさしかかると、「武家訪」を打ち切り、朝儀遂行の自弁を求める一方で、守護に預け置いていた本所領の回復・保護を指示することとなった。これは、守護大名など武家の既得権益剥奪を意味しており、この方針は容易に実現しなかった（松永和浩氏の研究による）。

榎原雅治氏によると、室町期には将軍が代替わりするたびに、徳政（仏神事の興行や公正な裁判の履行）が実行されたという。仏神事の興行とは、すなわち寺社領の保護を意味するものであった。また、公正な裁判とは、証拠文書に基づく知行を保障することであったから、伝統的勢力に有利な判決が期待され、寺社本所領の所領返還訴訟は、ほぼこれを認めることとなった。それが代替わりごとに実行されたのだから、歴代室町幕府将軍はつねに本所領保護政策を掲げていたことになる。

北朝天皇家の保護者であり続ける宿命

では、なぜ将軍が本所領を安堵しなければならなかったのだろうか。そのメカニズムを説明すると、まず、先に義詮から義満への代替わりについて述べたように、足利将軍家の権威とは、天皇家権威により保障されるものであった。そして、天皇家権威を利用する以上、足利将軍家は天皇家を護持する必要性があった。本所領保護とは、その具体的な発露である。

一方で重要なのは、それによってもたらされるのが、「武家社会における超越性を確保する」という足利将軍家固有の利益であり、各守護の利益とは直接的には無関係どころか、各守護の直接的利益が本所領侵犯などを通じて領国支配を深化させることにあった以上、むしろ不利益以外のなにものでもなかったことである。

細川頼之が本所領保護をうたう応安の半済令を発布したのは、足利将軍家の事情を勘案したものであったと思われ、自らも階級として属する守護大名の利益を真っ向から否定するものであった。やがて康暦の政変で頼之が失脚することになったこと、あるいは、その後も義満からの個人的な信頼は維持されたことなどは、頼之の政治姿勢が「守護大名の利益よりも足利将軍家の利益」という優先順位にあったと措定するならば、必然的な帰結といえるのかもしれない。

いずれにせよ、本所領保護志向とは、足利将軍家がほかの守護大名とは決定的に異質な存在であることを象徴的に示すものといえるだろう。天皇権威により自らを超越化させた足利将軍家としては、あくまで北朝天皇家（およびその藩屏《はんぺい》たる寺社・公家）の保護者であり続ける宿命のもとにあり、足利将軍家が武家政権の長であらんとすれば、不可避的に武家勢力の利益を害さざるをえなくなるという構造的な矛盾が存在していた。では、なぜ足利将軍家は、そのような構造的宿命を抱え込むことになってしまったのだろうか。それを考える鍵は、当初の足利将軍家が標榜していた「東国政権の長の後継者」という性格にある。

おさらいも兼ねて再述すると、そもそも足利将軍家は源氏嫡流ではなかった。ゆえに、新しい政権の長たることも自明ではなかった。そこで当初は、源氏嫡流工作を繰り返すとともに、「東国政権の長の後継者」として自己を位置付けることによって、超越性を確保しようとした。しかし、このやり方には致命的な欠陥があった。それは、室町幕府の拠点として京都が選ばれたことである。そもそも、室町幕府が東国政権ではなくなったのである。いくら「東国政権の長の後継者」として自己演出したところで、肝心の新政権が京都に所在しているのだから、その長としての地位を正当化する作用は微弱なものとならざるをえない。

足利将軍家は、新たな将軍権威保障装置を確立する必要性に迫られることとなった。しかも、義詮期の武家政権においては、南朝との争いにほぼ決着がついたことにより、幕府内部での主導権争いが激化しており、各勢力が足利家正嫡以外の存在を将軍候補として担ぎ出す危険性が渦巻いていた。そのようななかで、幼少の後継者義満を残して先立つこととなった義詮には、後継者たる義満の絶対性を確保するために、抜本的な正当化作業が求められた。それこそが、既存の権威たる天皇権威の活用だったのである。

川合康氏が喝破したように、足利軍とは、もともと北朝の軍隊としての性格を持つ軍事勢力であった。そのうえで義詮は、足利将軍家（室町幕府将軍）を武士の中で唯一天皇と直結しうる存在として位置付けることによって、その超越性を確保するという方法論を選択し、そのための前提として、有力守護大名などほかの武士を天皇から切り離す作業を推進した。これらの施策により、武家政権の首班（足利将軍家家長）とは、守護の擁立でなく、「勅答」により保障される存在となったのである。

そして、天皇と直結するためには、朝廷の制度上、昇殿する必要があった。足利将軍家の公卿化（公家社会参入）とは、以上のような背景によりもたらされた政治的現象なのである。義詮が貞治六年の中殿御会に参加したのも、義満が公家化の道を邁進したのも、そのような脈絡で捉えることができる。ここに、天皇権威により将軍権威が確立されるという構造ができあがり、その構造がある限り、歴代足利将軍家家長は武家政権首班であるべく、天皇権威維持に尽力する宿命を背負い続けたのである。「王家」の執事という義持や義教などのあり方は、以上のような構造を宿命的に背負った足利将軍家家長の、一つの〝落としどころ〟であったといえるだろう。

繰り返し強調しておかなければならないのは、将軍と天皇の接近という室町幕府特有の現象は、幕府という武家政権の都合ではなく、足利将軍家なる「武家の棟梁」に固有の都合に基づくものであったという点である。（幕府や武家社会でなく）足利将軍家固有の利害により、武家が公家を支えるという室町期公武関係が現出したことを明記しておきたい。

「成熟した儀礼社会」における「儀礼的昵懇関係」

室町時代の公武関係、あるいは将軍家と天皇家の関係は、「足利将軍家が天皇権威により武家政権首班としての超越性を確保する」という構造にあった。それでは、このようなあり方は、当時の社会の、いかなる時代相を反映しているのだろうか。

この点を考えるキーワードは、近年、桜井英治氏が盛んに強調している「成熟した儀礼社会」というフレーズにあろうかと思う。

室町時代とは、どういう時代であったか。桜井氏は、文明九年（一四七七）に天下泰平を寿ぐために後土御門と足利義政《よしまさ》との間で繰り広げられた刀剣贈答などを素材に解き明かす。このとき、天皇家には適当な剣のストックがなく、後土御門天皇は将軍家の蔵である公方御倉《くぼうみくら》の剣を借りて、それをそのまま義政（足利将軍家家長）に下賜したのである。いうなれば、親が子どもから現金を借りて、それをポチ袋に入れ、その子どもへのお年玉としているようなもの。ここにあるのは、天皇と将軍が贈答交換をしたという形式さえ整えれば、実質などどうでもよいという極端な形式主義であり、桜井氏はこれこそ中世儀礼社会の本質だとするのである。

中世の人々は、このような儀礼的行為を粛々と演じていた。これらの儀礼的行為とは、将軍や幕閣といった特定個人の利益や名誉のためのものではなく、社会全体として、そこに包括される人間関係全体をコーディネートするための必要手続きであったとされる。つまり、室町時代の人々は、彼らが帰属していた組織全体が円滑に回転していくために、年末年始の挨拶や、機をみた付け届けなどの儀礼的行為を日々繰り返していたのである。もちろん、そこには明確な台本が用意されるわけではなく、具体的な誰かがその様子を注視しているわけではない。「観客のいない演劇」ともいうべき建前の世界が、帰属した組織（社会）を維持するための装置として存在していたのである。

もっとも、そのような「成熟した儀礼社会」における「観客のいない演劇」は、現代における冠婚葬祭にも色濃く残っているだろう。われわれも、建前上参加しなければならない葬儀、しかも、そこに参席している圧倒的多数が自分のことを何者であるか認識していないような葬儀でも、粛々と「このたびは……」などとの言葉を交わしながら、儀礼的所作を繰り返す。それは何のためかといえば、そのような場で適切に振る舞うことが、自身や自身の関係者（親族、上司や部下）の顔に泥を塗らないことになるからである（むろん、故人を偲ぶというのが大前提にあるわけだが）。極言すれば、「世間様に後ろ指をさされないため」「世間様にご迷惑をおかけしないため」ということになろう。そのような要素が極限まで濃厚化された社会、それが室町時代であったとされているのである。

そして、ここまで述べてきた室町時代の公武関係、将軍家と北朝天皇家の関係は、まさに「成熟した儀礼社会」において「観客のいない演劇」を繰り返すことで成立した、儀礼的昵懇関係にほかならなかった。

この時代の足利将軍家家長と北朝天皇家（家長）との関係の本質とは、実態として個々の関係が良好であるかどうかは、どうでもよかった。儀礼的場面において、両者の関係が良好であったかのように演出されることが重要だったのである。もちろん、儀礼的昵懇関係に沿った所作を繰り返すうちに、実態としても両者の間柄が良好になることもありえた（義持と後小松、義政と後花園の関係など。場合によっては、直義と光厳もそれに含めることも可能かもしれない）。とはいえ、義満との関係が破綻した後円融や、後小松との関係を構築しようともしなかった義教のように、一方が問題を抱えていると、なかなか実際に仲が良くなるというわけにはいかなかった。しかし、それでも、表面的には「儀礼的昵懇関係」が演出され続けたのである。

礼の時代の秩序

足利将軍家家長は、「成熟した儀礼社会」という時代の特性を背景に、天皇家の儀礼的昵懇関係を構築することで、その地位を維持していたのである。足利将軍家は、この「成熟した儀礼社会」に、まことに適合した政治権力であった。というのも、多くの先学が指摘してきたように、足利将軍家というのは、その最盛期にさえ卓越した軍事力を保有していたわけではなかった。将軍直属の奉公衆を組織していたとはいえ、幕府軍を組織するにあたっては、そのほとんどを各守護大名の動員力に依存していた。桜井英治氏によると、将軍を支えていた軍事力は、「影の直轄軍」ともいうべき大内氏などの軍勢だったという。その構図は、応仁の乱における西軍や、流浪期の足利義材《よしき》を支えていたのが誰であったかを考えれば一目瞭然だろう。

足利将軍家が武家の首班として平和を維持できた理由は、守護によって守護を制すための登用や配置の巧みさ、「優れたバランス感覚」としか表現しようがない。それによって守護の協力を引き出すことで、政権を維持したのである。

同じようなことは、経済力についてもいえる。近年の研究では、足利将軍家が荘園領主として保持していた所領の豊かさを改めて評価し直す方向にあるが、現状で有力なのは、足利将軍家の財政基盤は、政権を維持するにあたっては必ずしも十分ではなかったと捉える見方である。ここでも桜井英治氏の研究成果に拠ることになるが、南北朝期の幕府財政は、有力守護のヴォランタリーな奉仕により維持されており、また、義満期における日明貿易への参入、土倉《どそう》・酒屋役《さかややく》の制度化、幕府段銭《たんせん》の成立などは、その脆弱な財政基盤を強化するための政策であったという。

そのような足利将軍家の財務状況を支えていたのは、「守護出銭《しゅごしゅっせん》」と称される、守護が将軍家に拠出した分担金である。この守護出銭の本質は、守護による将軍への贈与であったという（やがて義政期には贈与ではなく、分担額を一方的に押しつける賦課方式へと変換されていく）。また、応仁の乱後に幕府財政を再建しようとしたときに採られたのは、関所の設置や足利家に蓄積された宝物（「御物」）の払い下げ、さらに分一《ぶいち》徳政などによる収益であった。足利将軍家は、その時々の情勢に応じてあの手この手の錬金術を捻り出すことで、どうにか幕府財政を維持しており、軍事力においても経済力においても、守護大名に依存する部分が大きく、決して卓越した存在ではなかった。

つまり、足利将軍家とは、実態としての実力によって武家政権の首班に君臨した存在ではないのである。それでは、なぜ足利将軍家は室町幕府将軍であり続けられたのであろうか。それが可能になったのは、ひとえに儀礼の力である。足利将軍家は、北朝天皇家との儀礼的昵懇関係を形成し、天皇家権威を独占することで、社会的権威としての地位を確立した。その権威によって、その他大勢の有力守護大名層との差別化に成功すると、朝廷儀礼や御成《おなり》などの武家儀礼を定期的に繰り返すことで、その超越的地位を相互確認していったのである。まさに、「成熟した儀礼社会」に適応した武家政権首班だったといえるだろう。

足利将軍家は、現実的な軍事力や経済力によって、力ずくで守護大名を従わせるという方法ではなく、儀礼的行動（演出）を繰り返すことによって社会秩序を整序し、その秩序の「扇の要」となったのである。「扇の要」になるということは、ほかの「扇の骨」とは異質な超越者たる必要がある。秩序の頂点に立つ以上、「ｏｎｅ＆ｏｎｌｙ」でなければならない。その異質性、「ｏｎｅ＆ｏｎｌｙ」を担保する装置こそ、「唯一足利家のみが北朝天皇家と直結しうる」というあり方だったのである。天皇家なる伝統的権威にアクセスできる足利将軍家だからこそ、「扇の要」たりうるのであり、それができないその他の守護大名は、「扇の骨」以上にはなりえなかったのである。

有力守護が将軍を推戴する構図の瓦解

足利将軍家は、実態としての実力ではなく権威によって武家首班に君臨しており、それは時代相を背景とした合理的なあり方であった。とするならば、次にわき上がるのが、「そのような合理的なあり方であったはずのものが、なぜ崩壊したのか」という疑問である。

そもそも、室町幕府なる新たな武家政権は、なぜ必要とされたのであろうか。南北朝内乱の過程で有力守護へと成長したのは、足利一門（細川・畠山・斯波）、赤松・佐々木・山名・土岐・大内といった面々であった。これらの氏族は、一部を除いて鎌倉幕府体制下では有力御家人ではなかった家柄である。倒幕戦争の過程で旧北条氏権益を接収することで、雪だるま式に強大化した存在といえる。鎌倉時代においては、日の目を浴びなかった武士たちが社会の主流派になるためには、一致団結して旧勢力を打ち破る必要があった。そして、一致団結するためには旗印が必要であり、その旗頭として担がれた存在こそ、足利将軍家だったのである。

やがて、鎌倉幕府倒幕戦争や南北朝内乱を経るなかで、前掲の面々は守護として領国支配を打ち立てていくのだが、彼らのうち多くは、前代の活動拠点とは無関係な地域を守護領国としていた。当然、守護支配に服さない勢力や、騒乱期に特有の「敵の敵は味方」の論理によって表面上だけ与党になっている勢力が、在地にはゴロゴロしていた。そこで、室町幕府は彼ら守護勢力に、一国（あるいはそれ以上の広範囲）にわたる広汎な権限を付与した。

守護大名にとって、少なくとも赴任当初は高権力からの権限分与と剥き出しの強制力が、領国経営の頼みの綱だったと考えられる。新参者が円滑に領地を支配するには、それを正当化する権威が必要なのである。その権威こそが、足利将軍家率いる室町幕府であり、また、その存在をさらに高所から正当化するのが北朝だったのである。南北朝激戦期においては、南朝や非幕府勢力といった外敵脅威の存在が、北朝や室町幕府の存在を合理化していたといえる。

次に、室町幕府が相対的安定をえた時期について、榎原雅治氏の概説に拠りながら考えてみよう。幕府政治が安定していた頃の構造として、義持期の大名合議制や義教期の大名意見制が論じられてきた。この時代の室町幕府の政治運営に共通しているのは、将軍と有力守護が意見を交換して意志を決定していくというプロセスの存在であり、そこでは「有力守護たちが一致団結して将軍を推戴する」という構造が内包されていた。「有力守護たちが一致団結して将軍を推戴する」という構造は、推戴（＝信認）されているがゆえに将軍の専制が合理化される反面、推戴されている（所詮、担がれているにすぎない）がゆえに、将軍が暴走することを抑止することにもなった。その微妙なバランスは、義教晩年に崩れる。恐怖政治を繰り返すなかで嘉吉の乱という破滅を迎えたことは、本来なら将軍の暴走を抑止していたはずの守護大名による一致団結が、機能不全に陥っていたことを意味する。有力守護が一致団結し、将軍を推戴するという構図は義教の晩年に破綻したのである。

それではなぜ、その構図は破綻したのか。その要因として榎原氏は、この時期に幕府として警戒すべき危機が消滅したことに求めている。というのも、永享十一年（一四三九）に宿敵ともいえる鎌倉公方の足利持氏《もちうじ》が敗死し（永享の乱）、一方でその頃には後花園天皇に皇子が誕生しており、皇統に関する心配事も解消されていた。これらの状況が、幕閣から緊張感を消失させ、安定した政治状況下で各大名は自身の保身を第一に考えて諫言を避けるようになる。大名が意見しなくなったことで大名意見制は空洞化し、義教の暴走を招いたとされるのである。大名意見制（あるいは大名合議制）を通じて形成されていた大名の「一致団結」が消滅するということは、大名による「（将軍）推戴」も形骸化するということである。対外的緊張感の喪失により、有力守護が一致団結して将軍を推戴する構図は瓦解した。

足利将軍家のゆくえ

守護が一致団結して超越者たる将軍を推戴するという構図の消滅は、室町時代における幕府の戦争のあり方も変質させる。南北朝内乱、明徳の乱、応永の乱といった時代の戦争は、「幕府軍vs反幕府軍」という構図を持つものであった。有力守護などの幕府構成員が、その最大公約数的な利害に反する存在を「反幕府軍」として認定し、将軍を総大将とする大名連合軍が形成されるというのが、当該期の戦争のあり方である（唯一の例外は観応の擾乱であり、ゆえに義詮は将軍権威の確立を急いだ）。その戦争を遂行するためには、大名同士が相対的にフラットな関係で個別利害を超えて一致団結する必要があり、個別利害を超えて一致団結するためには超越者が必要であった（その超越者を神仏に求めたケースのことを「一揆」と呼ぶ）。そのときの超越者の役割は、構成員の相対的平等を維持し、保障することにあった。

ところが応仁の乱の時期になると、そのあり方に変化が起きる。周知のように、応仁の乱は「東幕府（義政・義尚）vs西幕府（義視）」という構図で進行したのであり、相対的に平等な構成員による一致団結を保障すべき超越者そのものが分裂していたのである。そこでは、守護大名は各家の利害に基づき、それぞれの「幕府軍」を支持するという行動をとっており、もはや、将軍なる超越者の存在を合理化した、「相対的に平等な構成員による一致団結」は放棄されるに至っている。将軍を超越者として位置付ける社会的要請が喪失していたといえよう。

さらに、応仁の乱の状況をさらに進行させたのが、明応の政変といえる。明応の政変とは、明応二年（一四九三）に細川政元《まさもと》が将軍足利義材を追放し、足利義高《よしたか》（足利政知《まさとも》の息。のちの義澄《よしずみ》）を新将軍に擁立するというクーデターのことであるが、ここではもはや、将軍は細川氏という個別守護大名によって「創出」される存在となってしまっている。足利義高は、細川氏の個別利害を保障するための将軍であり、「諸大名の一致団結を保障する」というそれまでの室町幕府将軍とは、真逆の性格を帯びた将軍が登場したといえるだろう。十五世紀後半の有力守護大名は、「将軍の下で一致団結（一揆）」するのではなく、個別利益のために将軍なる存在を恣意的利用するようになっていたのである。

そのような時代の転変に翻弄された足利将軍家家長が、足利義政であった。文明十年（一四七八）、義政は寺社本所領還付政策に情熱を傾けた。しかし、諸大名の反応は芳しくなく、文明十三年に至って義政は、「応仁の乱以降、諸大名が上意を無視して本所領を押妨し続けるので引退する」と言い出した。義政の時代には、足利将軍家歴代の基本方針である本所領保護が決定的な不履行に陥っていた。

応仁の乱以降の地域社会において、各守護や国人は、幕府の意向とは無関係に進行する各地域での覇権争いに注力するようになった。京都の幕府は将軍と近臣中心の組織へと変質し、在京する有力者は細川氏のみとなっていく。有力守護大名が在京しなくなるということは、「室町幕府」なるフォーマットを維持する意欲を減退させているということである。そのような有力守護大名層にとって、本所領保護に協力し、将軍の超越的権威を維持させる必要は極小化されていた。

やがて十六世紀になると、「二つの将軍家」が攻防を繰り返すようになる。明応の政変を発端として発生した、二系統の将軍を各勢力が都合よく利用していく時代が訪れた。もはや守護大名が一致団結して幕府に結集しなければならない歴史的段階は過ぎ、相対的に平等な構成員による一致団結を保障する存在としての将軍も、歴史的役割を終えようとしていた。戦国期の将軍とは、室町期の将軍とは似て非なるものとなり、個別利害誘導装置として新たな役割を担うこととなったのである。

足利将軍家が武家の長であるための条件とは、「諸大名が超越者を必要とすること」であった。やや気取った表現をするならば、「超越者を措定し、社会的上下関係を儀礼的に確定することが最大公約数的な合理性を帯びること」と言い換えられる。このような歴史的役割を担った室町期的な足利将軍家家長は、実力での秩序改変を希求する社会的情勢の前では、無用の長物でしかなくなってしまったのである。

終章　足利将軍家とは何だったのか

「武士道」的武士像からの逸脱

本書の内容を簡単にまとめよう。まず、直義段階から足利将軍家は北朝天皇家と昵懇関係を形成していた。その昵懇関係は、義持の段階において、「足利将軍家家長が『王家』の執事」として北朝天皇家を輔弼する」というあり方として、一応の完成をみた。「足利将軍家家長が『王家』の執事」として北朝天皇家を輔弼する」ということは、足利将軍家を下、北朝天皇家を上とする直結した上下関係を構築するということである。

それではなぜ、足利将軍家は北朝天皇家と直結した上下関係を構築したのであろうか。それは、もともと足利将軍家は「東国政権の長の後継者」として性格付けることで武家社会における超越性を確保していたものの、幕府を京都に置いたがゆえに、その方法論が通用しなくなったことで、新たな方法論によって超越性を確保する必要に迫られ、そのなかで足利将軍家を「武家社会で唯一天皇家に直結しうる存在」と位置付けるという選択肢が採用されたからである。

前代以来の権威である天皇家なる政治装置を独占することにより、足利将軍家は超越性を確保することに成功した。足利将軍家が武家社会の首班として君臨できたのは、軍事力や経済力などの物量ではなく、超越者として秩序の頂点に位置付けられたからである。

室町時代は「成熟した儀礼社会」といわれるように、剥き出しの強制力ではなく、儀礼を繰り返すことにより各構成員の上下関係を整序し、その秩序によって世の中の諸現象を統御する社会であった。そのような社会に適合的な武家社会首班、それが足利将軍家であった。守護大名たちは、足利将軍家を秩序の頂点に担ぎ上げることで互いの関係を整序し、その秩序内の相互調整作用に基づき、個別利益の確保を実現していたのである。言い方を換えれば、足利将軍家は担がれることに意義がある存在であった。そして、守護大名たちが担ぐことの意味を認めなくなると、その存在意義を失う宿命にあったのである。

以上のように説明すると、「結局、足利将軍家や室町幕府は脆弱な政権だったのではないのか」という声が聞こえてきそうである。もちろん、筆者としても軍事力や経済力といった実体的強制力という部分では、足利将軍家が脆弱な武家政権首班であったことは否定しない。しかし、室町幕府に「脆弱な政権」とのレッテルを貼るとき、そこに「武家政権としてあるべき姿に到達できなかった、出来損ないの政治権力」という評価がこめられているとしたら、少し抵抗を覚える。

国文学者の佐伯真一氏の名著『戦場の精神史』によると、現代の知識人が共有している武士像は、先入観にとらわれた武士像であり、決して実態を反映していないという。具体的には、「武士道」などとの言葉が使われる場合には「フェアプレイ」が想起されるが、中世の合戦はだまし討ちに彩られ、フェアプレイなど存在していなかった。「醜い勝利よりも美しい死」という、近世の『葉隠《はがくれ》』的な武士の生き様は、戦国期の武士の生き様からすれば、倒錯以外の何ものでもなかったという。現代の知識人が共有する武士の姿とは、近世末期の観念的な（あるべき）武士像が、近代的ナショナリズムと結合して生み出された幻想にほかならない。近代化以降の日本人は、かつて一度も存在したことのない武士のあり方を「武士道」として賛美してきたのである。

そのような知識人のあり方は、戦後になってもあまり変化がないようである。野口実氏は、『武家の棟梁の条件』という新書において、佐伯氏の所説を先取りするように、武士道は実態からかけ離れた、近代に形成された幻影にすぎないことを喝破した。そして、「日本人は相変わらず武士が好き」であるとして、根強い「武士道」信奉に警鐘を鳴らしている。

戦前は軍国主義的に美化された中世武士は、戦後歴史学において、新たな使命を与えられた。戦後歴史学は、民主主義を軍国主義から救う正義の士とみなした。そこでは、軍国主義が律令的貴族層（遅れた国家主義）に、民主主義が頼朝に率いられた新興武士層（新たな社会の主役）に準えられた。日本人の武士好きは、戦後歴史学によっても促進させられた。

つまり、現代においても歴史好きは武士好きであり、それらの人々が抱く武士像とは、相変わらず、戦場で高邁な戦闘を繰り返した気高い存在なのである。そのような「あるべき武士像」からすれば、本書で描き出してきた足利将軍家の姿は、「あるべき武士像を汚す存在」でしかないだろう。足利将軍家家長がまともに戦争をしたのは明徳の乱までであり、そもそも自前の軍隊は貧弱なものであった。応仁の乱以降の戦争では担がれるだけであったし、近江出陣などの親征で鮮やかな勝利を収めることも稀だった。最後の将軍となった足利義昭を想起すれば理解されようが、将軍本人そのものの「戦闘力」は著しく低いし、切腹もしないのである。このような足利将軍家は、現代の知識人がイメージする「武士道」的武士像からは逸脱でしかないであろう。

バランス装置としての機能

そんな足利将軍家が武家の首班となりえたのは、ひとえに「とりまとめ役」という役割を付与されたからである。社会の秩序を維持するためには、「最終的には、この人のいうことだけは聞かなければならない」という存在を作り出す必要がある。それによって、種々のトラブルが泥沼化しないのである。そのような存在として、守護大名などが一致団結して担ぎ上げることで、足利将軍家は武家首班として君臨しえたのである。足利将軍家に与えられた社会的使命とは、自らを担いでいる相対的に平等な構成員による一致団結を実現・維持することであり、バランス装置として機能することであった。その役割を足利将軍家が担うようになったのは、鎌倉幕府倒幕戦争以降の歴史的展開や、源氏の血筋、さらには天皇家との関係性を根拠とする。

しかし、実際は、バランス装置として機能するならば誰でもよかったのであり、合理的な理由などなかったであろう。ただ、「あの家なら武家首班としてふさわしいだろう」という社会的合意が存在すればよく、北朝との関係を独占できたから武家首班たりえたのではなく、守護大名などに担ぎ上げられた結果として武家首班となってしまった以上、それを正当化する理由を後付けしなければならなかったから、北朝天皇家との関係を独占することとなったのである。担ぐ守護大名たちが総体として納得するような理由であればなんでもよかったのであり、室町幕府の将軍は、守護大名が最大公約数的に超越者たることを望んだときのみ超越者たりえたのである。

要するに、権威的存在として武家社会に君臨したわけで、実体的強制力によって配下の武士たちを従わせていたわけではない。そのような足利将軍家は、「あるべき武士像」からすれば、「出来損ない」と揶揄されてしまうのかもしれない。しかし、忘れてはいけないのは、実体的強制力には現実的根拠が必要な分、強大化しようとしても自ずと限界があるということである。しかし、その点、権威的存在であるならば、その存在の大きさは現実的な裏付けと比例しない。現実的根拠を必要としないので、周囲の社会的合意さえあれば、どこまでも肥大化するのである。

中世後期を主に研究してきた筆者としては専門外であるが、鎌倉幕府（の北条得宗家）は、実体的強制力に基づいた権力体を構築しようとしたのではあるまいか。実体的強制力を有する存在として自己実現すべく、おそらく、法を整備したり、訴訟を履行したり、全国の治安業務を肩代わりしたりしたのであろう。そして、それが自らのキャパシティを超えたところで、突如として破綻したのである。鎌倉幕府は、実体的実力によって高権力たることを正当化したので、近代人によって共感されやすい。いわば「真面目な権力」だったのである。一方で、室町幕府の足利将軍家は、守護大名たちが超越者たることを望んだから、高権力化を果たしたのである。そこには、守護大名層による「そういうことにしておこう」という暗黙の合意があるのみで、合理的な理由（実体としての実力）は存在しない。

卑近な例で例えると、中学生が「強くなりたい」と思ったとしよう。普通、そういう場合、カラダを鍛えて筋肉の鎧を身につける。しかし、霊長類ヒト科がいくら筋肉をつけようとしても、そこには限界があるし、一人で殴り合って勝てる相手の数などたかがしれている。それでも筋肉をつけようとして、肉体的限界を超えたところでついに自己崩壊を引き起こした、北条得宗家とは、そういう権力体だったように筆者の目には映る。

それに対し、足利将軍家はどうしたか。足利将軍家はいっさい筋肉をつけなかった。代わりにいかつい面々を説得し、彼らを侍らせながら街を闊歩したのである。取り巻きにいかつい面々を従えているのだから、実体が強くなくとも、とてつもなく強くみえる。いかつい面々が去った途端に何もできなくなるが、取り巻いてくれているうちは最強なのである。序章において、室町将軍に対しては「脆弱な棟梁」というイメージがこびりついているにもかかわらず、義満については「日本史上最大の怪物」と評されるという矛盾のあることを指摘した。このような矛盾も、以上のような足利将軍家家長のあり方を理解すれば、整合的に理解できるだろう。

非実力主義型リーダー像

いずれにせよ、室町幕府将軍（足利将軍家家長）は実体なき高権力であり、言い方を換えれば、担がれることに特化したリーダーであった。「実力もないのに偉い」というのは、近代的価値観的からすれば、なかなか理解されないだろうし、「武士道」の〝あるべき姿〟から外れる。ゆえに、足利将軍家には否定的評価ばかりが集まるのである。

しかし、考えてほしい。たしかに「努力をすれば実体的実力がつく」「実体的実力があるものが報われる」「実体的実力があるものがリーダーになるべき」という、学校教育などで植え付けられる価値観からすれば、理念に適わないであろうが、現代においても実際の日本社会において、「実体的実力があるもの」がリーダーとして本当に歓迎されているだろうか。

基本的に日本社会というのは、剥き出しの実力主義というよりも、年功序列なる要素を一枚噛ませることが多い。年功序列というのは、年長者という「権威」によって秩序を整序しようという仕組みのことである。つまり、なんだかんだで日本社会は、「実体的実力」だけでなく、「権威」によってコミュニティを維持しているのである（外国もそうかもしれないが、日本語しか話せない筆者は不勉強にして知識を持ち合わせていない）。

おそらく日本人というのは、自覚できる意識の面では実力主義を是としながらも、無意識の部分では、権威や秩序によって社会を整序する非競争社会を望んでいるのではなかろうか。日本人（の無意識）にとって最も落ち着くリーダー像は、「まぁまぁ、言いたいことはわかるけど……」というフレーズを巧みに使いこなす、調整型リーダーなのであるまいか。とするならば、足利将軍家的なあり方というのは、日本社会において長年親しまれている「非実力主義型リーダー像」そのもののように思われてくる。

足利将軍家とは、儀礼的秩序により社会の頂点に措定された存在である。ゆえに、ついつい武士の「あるべき姿」からは逸脱した存在と評価されてしまう。しかし、秩序を維持するには、とても省エネで合理的なあり方といえないだろうか。足利将軍家は、そもそもからして「力で支配する政権」を志向していなかったものと思われる。

そんな、そもそも「力で支配する政権」を志向していなかった足利将軍家を、「武士たるものは圧倒的な武力で社会を支配するべき」という近代武士道的武士像観で評価するということは、アンフェアなのではなかろうか。足利将軍家が「圧倒的な武力で社会を支配する」ことを望みながら到達できなかったとすれば、「出来損ない」の誹りも免れないだろうが、はなからそこを目指していなかったのである。本書の最後までお付き合いくださった諸賢には、「リーダーたるもの圧倒的な指導力で組織を統率すべきである」という価値観そのものを改めて考えてみてほしいと思う。

あとがき

聖心女子大学に奉職するようになって、二〇一七年度で五年目となる。ということは、現在の四年生も含めて五学年分の卒業論文指導をしてきたことになる。そうなるのだが、その五年間ずっと変わらないことがある。それは、学生がなかなか卒論のテーマとして室町時代を選んでくれないという現実である。一応、中世史学界では、ここ一〇年ほど〝室町ブーム〟にあるとされているのだが、学部教育の現場では、どういうわけだが、まったくどこ吹く風。相変わらず室町時代は人気がない。これは女子大に顕著な傾向かもしれないし、もしかしたら、石原ゼミ固有の現象かもしれない。ともあれ、石原ゼミ生は、あまり室町時代を卒論のテーマとしない。

では、ゼミ生の皆さんが「はしがき」で書いた〝（自称）イケてる、ではない〟ではなく〝（自称）イケてる〟な属性にあるかというと、どうやらそうでもなさそうである。語弊がないように強調しておくと、「客観的に〝イケてる、ではない〟」ということでは決してない。ただ、社会や周囲の客観認識とは無関係に、彼女たち自身の自己評価が、どうも〝（自称）イケてる、ではない〟らしいのである。そういう学生が、石原ゼミには多い。たぶん、史学科日本史コースには、そういうタイプが多いのだと思う。それは、弊学だけのことではなく、「女子大の史学科〝あるある〟」なのではなかろうか。

弊学にはレクリエーションルーム（通称「レク室」）という、学生がお茶をしたり、グダグダしたり、要するに空き時間の暇つぶしをするための部屋がある。そこを数年前、ちょいとオシャレにした。緑のコーヒーチェーンを目指して、まあ「目指そうとしたのはわかる」程度の雰囲気の部屋となった。そのレク室に関して、歴代石原ゼミ生の少なくない割合が「あそこは、国際交流学科《こっこう》とか人間関係学科《にんかん》とか（史学科の中でも）世界史コースの〝リア充〟が多いから恐くて行けない」などと、わけのわからないことを言っていたりする。そのあたりの女子学生《いまどきのわかいこ》たちの感覚は、四十路の男性教員《おっさん》にはさっぱり理解（共感）できないのだが、ともあれ、そういうわけで彼女たちの自己認識は〝（自称）イケてる、ではない〟なのである。「はしがき」で披陳した筆者の現代社会認識が正しければ、だったら室町時代に興味を持ってくれてもよさそうなものなのだが、そのような気配がまったくないのはなぜなのだろうか……。

　とはいえ、このような状況が嫌いなわけでもない。学部時代の恩師に教えられたことの一つに、「卒論であれど、論文は論文。そうである以上、指導教員と同じテーマを選ぶということは、指導教員の論説を批判することにならざるをえない。少なくとも、そこを目指さないことには研究史上の意義など出てこない。だから、指導教員とは違うテーマを選ぶべきである」というものがある。当時の東京都立大学には、そのようにストイックな風が学部にさえ漂っていた。その薫陶を受けたからか、自ら積極的に室町時代を選ぶように誘導しようという意図がそもそもないので、ゼミ生が卒論テーマに戦国時代《イケメン武将》ばかり選ぶというのも、望むところだったりする。

「お前の指導力不足の言い訳だ！」なんて声も聞こえてきそうだが、ともあれ、初めての大学専任で指導力が未熟であるにもかかわらず、そんな教員のもとで卒論を書いてくれて、懇親会に連れ回すと二次会にまで付き合ってくれて、ＯＧ会にも顔を出してくれるゼミ生及びゼミ生ＯＧに本書を捧げようと思う。

本書の執筆について、声をかけてくれたのは、戎光祥出版株式会社の中世史関係出版物の他例に漏れず、丸山裕之氏である。二〇一五年に上梓した論文集の「あとがき」にも書いたが、丸山氏は、学界的には引きこもりだった私を、友達の輪に引き入れてくれた恩人である。飲み会などで少しでも私が手持ち無沙汰にしていると、すぐに話相手になってくれた。彼なしでは、今なお私は〝学界引きこもり〟であっただろう。本書の完成が累年の厚情に対する恩返しに少しでもなっていたら嬉しい限りである。

二〇一七年　オクトーバーフェストの季節に

石原比伊呂

【参考文献一覧】

明石治郎「室町期の禁裏小番—内々小番の成立に関して—」（『歴史』七六号、一九九一年）
飯倉晴武『地獄を二度も見た天皇 光厳院』（吉川弘文館、二〇〇二年）
家永遵嗣「足利義満・義持と崇賢門院」（『歴史学研究』八五二号、二〇〇九年）
家永遵嗣「室町幕府と「武家伝奏」・禁裏小番」（『近世の天皇・朝廷研究』五号、二〇一三年）
池　亨『日本中世の歴史6　戦国大名と一揆』（吉川弘文館、二〇〇九年）
井沢元彦『逆説の日本史7　中世王権編』（小学館、二〇〇一年。初出は一九九八年）
石母田正『中世的世界の形成』（岩波書店、一九八五年。初出は一九四六年）
伊藤喜良『人物叢書　足利義持』（吉川弘文館、二〇〇八年）
伊藤喜良『日本史リブレット〈人〉　足利義満　法皇の夢を追った華麗な生涯』（山川出版社、二〇一〇年）
伊藤俊一「武家政権の再生と太平記」（市沢哲編『太平記を読む』吉川弘文館、二〇〇八年）
今谷　明『室町の王権』（中公新書、一九九〇年）
榎原雅治『日本の時代史11　一揆の時代』（吉川弘文館、二〇〇三年）
大田壮一郎『室町幕府の政治と宗教』（塙書房、二〇一四年）
小川剛生『二条良基研究』（笠間書院、二〇〇五年）
小野正敏「戦国期の館・屋敷の空間構造とその意識」（『信濃』四六 - 三、一九九四年）
亀田俊和『南朝の真実』（吉川弘文館、二〇一四年）
川合　康「武家の天皇観」（『鎌倉幕府成立史の研究』校倉書房、二〇〇四年）
久留島典子『日本の歴史13　一揆と戦国大名』（講談社、二〇〇一年）

桑山浩然「室町時代における将軍第行幸の研究」（『国士舘大学文学部　人文学会紀要』三六号、二〇〇四年）
小林一岳『元寇と南北朝の動乱』（吉川弘文館、二〇〇九年）
佐伯真一『戦場の精神史』日本放送出版協会、二〇〇四年）
桜井英治『日本の歴史12　室町人の精神』（講談社、二〇〇一年）
桜井英治「足利義満と中世の経済」（『ZEAMI』04、二〇〇七年）
桜井英治『贈与の歴史学』（中公新書、二〇一一年）
佐々木恵介『日本古代の歴史4　平安京の時代』（吉川弘文館、二〇一四年）
佐藤進一『南北朝の動乱』（中央公論社、一九六五年）
佐藤進一『日本中世史論集』（岩波書店、一九九〇年）
高橋秀樹「ここまで変わった日本史教科書㉓　義満は天皇超えを狙ったか」（『新発見　日本の歴史』一三、二〇一三年）
田中大喜編著『下野足利氏』（戎光祥出版、二〇一三年）
田中義成『足利時代史』（講談社学術文庫、一九七九年。初出は一九二三年）
戸川　点「摂政と関白」（歴史科学協議会編『天皇・天皇制をよむ』東京大学出版会、二〇〇八年）
所　功『新訂　建武年中行事註解』（講談社、一九八九年）
ドナルド・キーン『足利義政と銀閣寺』（中公文庫、二〇〇八年。初出は二〇〇三年）
新田一郎『日本の歴史11　太平記の時代』（講談社、二〇〇一年）
野口　実『武家の棟梁の条件』（中公新書、一九九四年）
早島大祐『首都の経済と室町幕府』（吉川弘文館、二〇〇六年）

平泉　澄『物語日本史（中）』（講談社学術文庫、一九七九年）
松永和浩『室町期公武関係と南北朝内乱』（吉川弘文館、二〇一三年）
百瀬今朝男『弘安書札礼の研究』（東京大学出版会、二〇〇〇年）
森　茂暁『人物叢書　佐々木導誉』（吉川弘文館、一九九四年）
森　茂暁『満済』（ミネルヴァ書房、二〇〇四年）
森　茂暁『中世日本の政治と文化』（思文閣出版、二〇〇六年。初出は一九九四年）
安田次郎『日本の歴史七　走る悪党、蜂起する土民』（小学館、二〇〇八年）
山田邦明『日本中世の歴史5　室町の平和』（吉川弘文館、二〇〇九年）
山田　徹「土岐頼康と応安の政変」（『日本歴史』七六九号、二〇一二年）
山田康弘『戦国時代の足利将軍』（吉川弘文館、二〇一一年）
横井　清『室町時代の一皇族の生涯』（講談社学術文庫、二〇〇二年。初出は一九七九年）
吉江　崇「平安時代宮廷社会の〈土器〉」（『史林』八九 - 六、二〇〇七年）
吉田　歓「旬儀の成立と変質」（『ヒストリア』一五二号、一九九六年）
拙稿「足利義教の初政」（『日本歴史』七二四号、二〇〇八年）
拙稿「北山殿行幸再考」（『年報中世史研究』三七号、二〇一二年）
拙稿「「皇位簒奪」計画説　立論の根拠を再検証する」（『新発見　日本の歴史』二三、二〇一三年）
拙稿『室町時代の将軍家と天皇家』（勉誠出版、二〇一五年）

刊行にあたって

誰もが知っているような人物や事件の入門書ばかりではなく、マイナーだけどおもしろい事件や、地方に眠る歴史をじっくり読める書籍が欲しいという声をよく耳にします。このたび小社では、そのような声に応えようと、戎光祥選書ソレイユを刊行することにいたしました。歴史の醍醐味は、有名な武将の人生や、時代を変えた事件ばかりではありません。むしろ、学校の教科書で学べないような人物や事件に目を向けたとき、歴史のほんとうの楽しさがみえてきます。

小社では、そのような人物や事件に光を当てるという意味も込めて、シリーズ名を〝ソレイユ〟（太陽）と名付けました。気鋭の研究者が最新の研究成果をふまえて、平易な文章で歴史の奥深さを届けるシリーズになっております。太陽が地球をさんさんと照らすように、歴史の未来に新たな光の道筋を示すようなシリーズになることを願ってやみません。

〈編集部〉

【著者略歴】
石原比伊呂（いしはら・ひいろ）
1976 年生まれ。聖心女子大学文学部専任講師。
主な業績に、『室町時代の将軍家と天皇家』（勉誠出版、2015 年）、「北山殿行幸再考」（『年報中世史研究』37、2012 年）、「足利義満と笙との関係についての再検討」（『国史学』218、2016 年）、「室町幕府将軍権威の構造と変容」（『歴史学研究』693、2017 年）など多数。

戎光祥選書ソレイユ 001
足利将軍《あしかがしょうぐん》と室町幕府《むろまちばくふ》——時代《じだい》が求《もと》めたリーダー像《ぞう》

2018 年 1 月 10 日　初版初刷発行

著　者　石原比伊呂
発行者　伊藤光祥
発行所　戎光祥出版株式会社
〒 102-0083 東京都千代田区麹町 1-7 相互半蔵門ビル 8F
TEL：03-5275-3361（代表）　FAX：03-5275-3365
http://www.ebisukosyo.co.jp
編集協力　株式会社イズシエ・コーポレーション
印刷･製本　モリモト印刷株式会社
装　丁　堀　立明

ISBN：978-4-86403-274-2